중국 사업
턴어라운드

중국 사업 턴어라운드

2021년 7월 15일 1판 1쇄 인쇄 / 2021년 7월 25일 1판 1쇄 발행

지은이 김민혁 / 펴낸이 임은주
펴낸곳 도서출판 청동거울 / 출판등록 1998년 5월 14일 제406-2002-000128호
주소 (10881) 경기도 파주시 문발로115 (파주출판도시) 세종출판벤처타운 201호
전화 031) 955-1816(관리부) 031) 955-1817(편집부) / 팩스 031) 955-1819
전자우편 cheong1998@hanmail.net / 네이버블로그 청동거울출판사

출력 · 인쇄 세진피앤피 / 제책 우성제본

책값은 뒤표지에 있습니다.
잘못 만들어진 책은 바꾸어 드립니다.

First published in Korea in 2021 by CheongDongKeoWool Publishing Co.
Printed in Korea.

ISBN 978-89-5749-220-8 (03320)

중국 사업 턴어라운드

김민혁 지음

청동거울

| 머리말 |

중국의 어느 도시를 가도 한국인들이 부쩍 줄었다는 느낌을 받는다. 상하이*, 베이징, 그리고 내가 살고 있는 선전도 한국인의 수가 예전 같지 않다. 지난 2007년 처음 중국으로 건너올 당시에 한국인 수는 대략 70만 명 가량되었으나, 지금은 그 절반이 채 안 된다고 한다. 그동안 중국에서는 한국 교민의 수와 한국 기업의 투자액은 비례해 왔다. 기업의 투자가 줄어들면서, 중국에 거주해야 하는 한국인도, 중국어를 꼭 배워야 하는 학생들도 줄어들었다.

한국 기업의 투자가 줄어든 것은 중국 시장에 대한 열정이 식었기 때문이다. 기업의 열정은 물론 수익성과 비례한다. 언제부터인가 중국에 진출한 한국 기업들이 열정보다는 숫자를 보기 시작했다. 대박날 것이라는 꿈에 무작정 진출하고 나서 십여 년간 고생했

* 이 책에서는 중국어의 병음을 조금은 자유롭게 한글로 옮길 예정이다. 중국어가 성조가 있고 우리에게 익숙한 한자를 사용하기 때문에, 발음에는 혼선이 있을 수 있다. 가능하면 현재 자주 언론에서 사용되는 표기를 위주로 사용하며 필요한 경우 중국어를 함께 표기해서 의미를 명확히 전달하겠다.

지만, 결국 손에 쥔 것이 별거 없다는 생각을 하기 시작했다. 어떤 대기업은 공식적으로 철수를 발표했고, 다른 기업들도 수익성 저하를 이유로 한국으로 돌아가거나 다른 나라로 관심을 돌리고 있다. 더 이상 기업들의 연간보고서나 대기업 CEO의 신년사에는 중국 얘기가 나오지 않는다. 게다가 코로나 바이러스 발병 이후에는 국경마저 닫혔다. 그동안 한 도시에서만 하루에도 몇 번씩 오가던 비행기들도 이제는 중국 모든 도시를 샅샅이 뒤져도 일주일에 몇 편 보기 힘들다. 출장을 오고 싶어도 올 수 없는 나라가 되어 버렸다. 지금 한국 기업들은 매너리즘에 빠져 있다. 두드려도 열리지 않는 중국은 피곤한 주제일 뿐이다.

중국에서 경영컨설턴트로 일하면서 한국 기업, 외국 기업, 중국 기업, 그리고 중국 정부에 이르기까지, 다양한 기업들과 이를 이끄는 임원 및 관료들을 만났다. 그리고 그들의 고민과 어려움을 듣고, 최적의 해결 방안을 찾아주려 노력했다. 이런 과정 속에서 중국에서 성공하는 기업과 실패하는 기업의 차이를 배울 수 있었다.

이 책은 그동안 지켜 봤던 한국 기업들이 왜 기대 이하의 성적을 받게 되었는지에 대한 분석으로 시작한다. 그리고 그 대안으로 '비즈니스 생태계'라는, 조금은 진부하게 들릴 수 있는 방법을 제안한다. 어떻게 한국 기업이 중국에서 생태계를 창조하고, 다양한 어려움을 극복하면서 생태계를 계속 진화시켜 나갈 것인가를 설명했다.

이 글은 4년에 걸쳐서 조금씩 쓰여졌다. 쏟아지는 프로젝트들에 치여, 도시와 도시를 이동하면서 비행기와 공항에서 시간을 쪼개 쓴 글이 이제 정리가 되어 많은 사람들과 나눌 수 있음에 감사한다. 그리고 열정을 가지고 내용에 대한 조언을 아끼 않은 아내 주은과, 출장에서 돌아오면 반가워 달려와 안기는 너무 예쁜 딸들, 지안이와 이안이에게 무한한 사랑과 감사의 마음을 전한다.

2021년 무더워지고 있는 선전에서

저자 씀

| 차례 |

중국사업 턴어라운드

300.91
2019/10
2019/11
Daily Weekly Monthly Quarterly Yearly
211.20

들어가며

아주 짧은 한국 기업 중국 진출 현대사

시장의 개방 (1992~2000)

사실 한국 기업들이 중국에 관심을 갖게 된 것은 얼마 되지 않았다. 1977년 홍콩과 맞닿은 선전(深圳)[1]이라는 작은 어촌마을에서 덩샤오핑의 개혁이 시작된 이후, 한참이나 지난 뒤의 일이다. 중국은 싱가포르를 모델 삼아 선전을 외국에 개방하고, 각종 외국 기업들의 투자를 유치하려 안간힘을 썼지만, 한국 기업들은 당시에 별 관심을 갖지 않았다.

1992년 한국과의 수교가 체결되었다. 그전까진 하나의 국가로서 인정받지 못하던 중공이 중국으로 바뀌었다. 아시아의 네 마리 용으로 불리며 급성장을 하던 한국의 기업들 중에 상당수가 중국 진출에 관심을 보이기 시작했다. 노동집약적 산업 중심이던 한국 기

1 당시에는 선전이 아닌, 인구가 7만이 채 안 되는 바오안(宝安)이라는 이름의 현(县)이었다.

업들에게 저렴한 중국의 인건비는 매우 매력적이었다. 하지만 용기 있는 기업은 많지 않았다. 당시에는 한국에서 생산하고, 판매 시장 개척으로서의 해외 진출만을 생각할 때였다. 직접 해외에 생산 공장을 짓는 것은 큰 도전이었다. 게다가 당시 중국의 정치적 불안정성이 투자 회수를 더욱 어려워 보이게 만들었다.

노동비 절감을 위한 진출 (2001~2006)

시간은 흘러 2001년이 되자 세계 경제 질서가 새로이 재편되었다. 중국이 WTO에 가입하면서 이데올로기에서 비롯된 투자의 불안정성을 제거한 것이다. 그리고 1990년대 말부터 시작된 경제 위기 속에 휘청거리던 나라들을 중국이 부축을 해주었다. 그 결과 한국 기업들은 다른 국가의 기업들과 마찬가지로 금융 위기의 대안으로 중국을 선택했다. 세금 및 토지 사용료까지 면제해주는 중국 정부의 다양한 혜택도 있었지만, 무엇보다 노사 분규 걱정 없는 싼 노동력이 마음에 쏙 들었다. 그렇게 기업들이 중국에 생산기지를 건설하기 시작했다. 지리적으로 가까운 산동성의 칭다오(青岛)로, 웨이하이(威海)로, 옌타이(烟台)로 물밀듯이 밀려 들어갔다.

시장 개척을 위한 진출 (2007~2012)

미친듯이 팽창하던 IT 버블이 터져버린 후, 갈 곳을 잃은 전세계의 투자자본이 중국으로 빨려 들어갔다. 이 돈들은 중국의 부동산, 주식 그리고 각종 산업들에 투자되었다. 그리고 2006년 아시안게임과 2008년 베이징 올림픽을 치르면서, 인민들의 욕망이 깨어나기 시작했다. 13억 인민들이 지갑을 열기 시작한 것이다. 물론 그 지갑은 부동산과 주식 시장의 폭발적인 성장에 힘입어 충분히 두둑해져 있었다.

중국은 부자가 되고 있었다. 도시에 빌딩들이 올라가고 자고 나면 하나씩 들어서는 쇼핑센터는 사람들로 북새통이 되었다. 사람들은 상품을 사들였고, 해외에서 수입된 럭셔리 브랜드 제품들이 정신없이 팔려나갔다. 값비싼 자동차, 핸드폰, 의류, 화장품…… 오래전 한국에서 만연했던 '외제병'이 중국땅에 창궐했다. 세계 모든 글로벌 기업들이 중국으로 진출하고 열심히 제품을 팔았지만, 공급이 수요를 이기지는 못했다. 중국인들의 소비 욕구를 충족시키기 위해서는 더 많은 공급이 필요했다.

중국인들이 직접 나섰다. 지난 이십 년간 외국계 기업들로부터 옆에서 보고 배운 인민들은, 자신들의 제조업 및 서비스업 등 산업을 키워나가기 시작했다. 산업 규모의 성장은, 엄청난 일자리를 창출했다. 결국은 2000년대 후반, 중국에서는 인재 부족 현상이 발생했다. 일자리는 늘어가는데, 경험을 가진 사람이 없었다. 5년 이상의 중견 관리자가 없어서 5년 이상 실무 경험이 있는 사람들은 극진한 대우를 받으며 이리저리 회사를 옮겨 다녔다. 그 와중에 중국 인민들의 인건비는 정신없이 치솟아 올랐다.

더 이상 인건비는 싸지 않았다. 값싼 노동력을 기대하던 한국 기업들은 하나둘씩 짐을 싸고 한국으로 돌아가거나, 동남아시아의 나라들로 옮겨갔다. 반면에 소비욕구 충만한 중국 인민들의 지갑을 노린 한국의 기업들이 새로이 들어오기 시작했다. 금융, 유통, 소비재 등 한국에서 내노라 하는 기업이 중국 시장 정복이라는 원대한 포부를 안고 물밀듯이 밀려 들어왔다. 새로운 패러다임으로의 전환. 단순임가공 제조업의 철수, 그리고 소비재 기업의 진출. 한국은 새로운 국가대표 팀을 꾸려 다시 중국 비즈니스에 도전했다.

중국 기업의 약진 (2013~현재)

2012년 Web 2.0의 혁명이 시작되었다. 컨텐츠(content)가 생명인 새로운 비즈니스 시대에 13억 인구는 스마트폰으로 컨텐츠들을 닥치는 대로 소비하면서, 동시에 무차별적으로 쏟아냈다. 이로 인해 중국인들의 정보 습득 능력은 배가되었다. 인터넷은 기존의 사업 구조를 분해하고, 다시 조립하기 시작했다. 중국인들은 길을 걸으면서 쇼핑을 하고, 화장실에 앉아서 주식을 사고 펀드에 가입했다. 출근길에 주문을 하고, 퇴근 후 집 문 앞에 있는 배달 상품을 집어 들었다.

그리고 중국 정부는 이제 대놓고 중국 기업을 키워주기 시작했다. 선전의 화창베이(华强北)나 베이징의 중관촌(中关村)에서는 스타트업들이 하루에도 수백 개가 생겨났다. 각종 규제는 외자 기업들에만 유리하게 쓰일 줄 알았는데, 슬그머니 중국 기업 지원에 활용되기 시작했다. 구글이나 페이스북 같은 글로벌 인터넷 기업들의 중국 진출 계획이 무산되거나 쫓겨났다.

동네에서 놀던 형들이 사라진 골목에 어린 아이들이 힘을 키워 나갔다. 그렇게 중국의 기업들은 날개를 달고 훨훨 날기 시작했다. 모든 산업에 걸쳐 규모와 성장성 측면에서 볼 때 다섯 손가락 안에는 늘 중국 기업들이 포진해 있다. 심지어 페이스북이나 인스타그램을 제치고 전세계 10대들의 커뮤니케이션의 중심으로 자리잡은 틱톡(tictok)이라는 소셜미디어 앱은 중국산이다.

이미 몇 년 전부터 중국 대표 인터넷 기업인 텐센트(tencent, 腾讯)와 알리바바(Alibaba, 阿里巴巴)가 전세계 시가 총액 10대 기업군에 들어 있다. 이 글을 쓰고 있는 2020년 포춘(Fortune)지가 선정하는 세계 500대 기업에 중국계 기업은 133개가 넘게 포함되어 있다. 코퍼레이트 아메리카(Corporate America) 출신 기업의 수는 그보다 적은 121개다. 그리고 한국 기업은 15개가 채 안 된다.

길 잃은 한국 기업

그동안 한국 기업은 중국 시장에서 성공했을까? 신문에 가득차 있던 한국 기업의 중국 관련 기사들을 찾아보면, 얼핏 모두 성공한 듯이 보인다. 기사의 내용은 주로 한국의 기업들이 공장을 증설하고, 매장을 오픈하며, 양해각서나 협력서에 서명했다는 내용들이다. 우리나라 언론의 경제 기사들은 기업이 제공하는 보도자료에서 벗어나지는 않으므로 좋은 소식뿐인 것은 어쩌면 당연할 수밖에 없다. 기사 속의 중국 사업은 늘 긍정적이고 차근차근 계획대로 되고 있는 것처럼 보인다.

그래서 정말 성공했는가? 성공의 기준이 한국 브랜드를 중국 시장에 알리는 것이라면 성공했다고 볼 수 있다. 중국인들은 한국 브랜드를 꽤 많이 안다. 중국인들은 삼성이나 현대 자동차 등을 대단한 기업이라며 진심인지 아닌지 모를 칭찬을 앞에서는 쏟아낸다.

하지만 비즈니스를 하는 우리들에게 성공은 곧 남는 장사다. 남는 장사는 '번돈 – 쓴돈=이익'이라는 산수다. 즉 현재가치로 환산한 지금까지 매출의 총합이 그동안 지출한 비용의 총합보다 크면 된다.

그렇다면 당신의 기업은 남는 장사를 했는가? 물론 기업들마다 중국 사업만의 결과를 공시하지는 않기 때문에 그걸 조사할 방법은 없다. 하지만 이 글을 읽고 있는 분들은 자신이 몸담고 있는 기업을 한번 냉정히 평가하기 바란다. 십여 년 투자한 중국 사업에서 돈을 벌었는가? 아마도 많은 분들이 씁쓸한 표정으로 대답을 대신할 것이다.

만약 흑자로 돌아섰다고 해서 만족하는가? 십여 년 공을 들였는데 이제 조금 이익이 났다고 만족하는 경영자는 없다. 그 수많은 시간과 고급 인력을 쏟아부었는데, 결과가 겨우 몇 푼 남기는 것에 행복해할 수 없다. 중국이 아닌 다른 곳에 그 노력을 쏟아부었을 때를 생각해 보자. 기회비용을 날린 것이다.

이렇게 중국의 시장이 커지고 중국 로컬 기업들이 중국 시장을 다시 점령하는 사이, 그리고 세계 곳곳에서 시장 점유율을 늘리는 동안, 왜 우리 기업들은 투자를 멈추고 고향으로 발길을 돌리고 있는가? 이미 중국을 떠났건, 아니면 아직 중국에서 미련을 가지고 기업 활동을 하든 간에, 기업들은 스스로에게 한번쯤은 물어봤을 것이다. 뭐가 문제였는가?

실패의 원인

물론 수만 개의 한국 기업의 실패 원인을 몇 가지로 단정짓기는 어렵다. 많은 기업들이 인건비 상승이나 중국 정부의 자국 기업 보호 정책을 이유로 꼽는다. 몇 년 전 사드 문제 등을 거론하며 정치 외교 문제 탓이라고 말하는 사람들도 있다. 하지만 이런 건 하루 아침에 생겨난 문제가 아니다. 모두 십 년 넘게부터 이미 있어 왔거나 또는 충분히 예상 가능했던 문제들이다. 이런 문제를 알고도 우리 기업들은 대응하지 못했다. 왜냐하면 이보다 더 근본적인 원인이 있기 때문이다. 근본 원인을 명확하게 짚고 나서 해결책을 제시해 보려 한다.

누가 중국 비즈니스를 하는지 생각해 보자. 기업마다 다르겠지만, 보통 대기업을 보면 상무급이 결정을 하고, 부장급이 전략을 세우며, 과장 및 차장급이 일선에서 발로 뛰면서 현장을 보고한다. 이들의 출생 연도를 보면 1980년대 초에서 1960년대 중반까지다. 현재 30대에서 50대 초반의 나이인 이 세대는, 90년대 초반에 한국에서 직장 생활을 시작했고, 한국에서 적게는 10년에서 30년 가까이 경제 활동을 하다가 중국에 온 사람들이다.

이들의 공통점을 찾아보자. 이 세대는 중국을 잘 안다고 자부한다. 한자를 초등학교, 중학교, 고등학교 시절에 정규과목으로 배웠다. 신문이나 책에서 한자를 많이 접해서 한자에 대한 두려움이 없다. 한국전쟁 참전 세대는 아니므로, '중국 공산당'을 떠올리지는 않는다. 오히려 홍콩 느와르 영화를 꽤 보면서 중국이라는 나라에 대한 호감이 많다. 점심은 짜장면과 짬뽕을 즐겨먹는다.

아마도 중국의 여행지를 한두 곳 다녀온 경험이 있을 것이다. 직장 생활을 시작한 후에는 이런저런 이유로 베이징이나 상하이 정도는 자주 방문하기도 한다. 중국에 가서 사람들을 만나 식사도 하면서 중국과 한국은 접대 문화가 비슷하다는 친근함을 느끼게 된다. 그렇게 학창시절과 경제활동을 시작한 후에 겪은 중국은 이들에게 아주 가까우면서 친근한 나라가 되었을 것이다.

그렇게 그들은 중국을 잘 안다고 믿었다(①).

그 시기에 이들이 체험한 한국에서의 경제는 어땠을까.

90년대 초까지만 해도 한국 시장에는 외국계 기업의 존재가 강했다. IBM의 제품 없이는 기업의 전산 시스템이 존재할 수가 없었고, GE의 냉장고나 세탁기는 모든 주부들의 로망이었다. 맥도날드와 피자헛은 패스트푸드 리테일의 성공이 어떤 것인지를 보여주었다. 한국 자동차라도 독일이나 미국산 엔진을 사용해야 믿을 만하다고 생각했다.

하지만 이 세대가 기업내에서 주요 업무를 맡고 승진을 하던 시기인 2000년대에 들어서면서, 상황은 변하기 시작했다. 한국 기업들이 외국계 기업들을 상대로 하는 경쟁에서 높은 승률을 보이기 시작했다. 한국 핸드폰, 한국 TV, 한국 자동차, 한국 패스트푸드들은 외국 기업들을 하나둘씩 나라 밖으로 쫓아내기 시작했다. 좀 뒤늦게 슬그머니 발을 들이려던 외국계 금융자본들도 과감히 쫓아냈다. 홈관중 앞에서 원정팀을 시원하게 이긴 것이다.

이 세대는 그렇게 외국 기업과의 전쟁에서 나라를 지켜낸 위대한 업적을 세웠다(②).

외국 기업을 모두 무찌른 후, 시장은 한국 토종 기업들로 포화상태가 되었다. 오랜 시간 서로 싸우는 것에 지쳐가던 기업들에게 어느 날 중국이 눈에 들어왔다. 좁디좁은 한국 시장에서 벗어남은 물론, 한국에서 경험한 모든 것을 활용할 수 있는 기회라고 판단했다. 그리고 바로 이 사람들, 다름 아닌 바로 '우리'가 중국 진출의 선봉장이 되었다. ① 중국을 잘 안다고 생각하면서 동시에 ② 한국에서의 외국 기업을 물리친 경험을 소유한 '우리'다.

한국 시장도 변화무쌍하지만, 익숙함에서 오는 예측가능성이 존재한다. 우리들이 태어나고 자란 땅에서 우리들끼리 경쟁하며, 우리를 대상으로 하는 비즈니스이기 때문이다. 경쟁사도 늘 경쟁하던 그 기업이고, 협력사도 모두 오랫동안 알고 지낸 그 사람들이다. 소비자도 결국은 우리다. 한국에 대해서는 모르는 것이 없다. 하지만 우리는 중국에 대해 얼마나 잘 알까?

우리는 중국을 잘 안다고 생각하기 때문에 중국을 상대할 때 별다른 고민은 없었다. 자주 그리고 아주 쉽게 '중국 사람들은 이러저러하다'라는 식의 결론을 내려버리거나, 13억 인구를 하나의 형용사로 설명해버린다. 동시에 비즈니스의 방법도 과감하게 정의한다. '마케팅은 TV광고가 제일 효과가 있다' 또는 '직원들의 동기부여는 상여금이 최고'라는 식의 한국에서 사용한 방법을 신뢰한다. 잘 안다고 생각하기 때문에 충분한 정보를 가지고 있다고 믿으며, 이를 바탕으로 올바른 판단을 할 수 있을 것이라 착각한다.

동시에 외국 기업과의 경쟁에서 승리할 수 있는 공식을 알고 있다고 생각한다. 한국에서의 외국 기업 대항 승리 전략이 중국에서도 유효하다고 굳게 믿는다. K리그에서 만난 용병 선수들과의 경쟁에서 이겼다고, 프리미어 리그의 외국 선수들을 모두 이길 수 있다고 착각하는 꼴이다. 게다가 중국 기업은 그 수준이 낮다고 단정 지어 버리고, 경쟁 상대로 거론하는 것조차 자존심 상해한다.

다시 실패의 원인이라고 말하는 이유들을 떠올려 보자. 인건비가 비싸지고 중국 정부 정책이 자국 기업 보호로 돌아섰던 것도 모두 사실이다. 하지만 중국이 변하고 있다는 것을 감지하지 못하고, 이 지경이 되도록 중국 사업을 방치했던 근본적인 이유는 바로 '우리'가 비즈니스를 했기 때문이다.

중국을 잘 안다고 착각하고, 작은 한국 시장에서 외국 기업과 경쟁해서 이겼다는 자만심뿐인 바로 당신이.

헤어나오지 못하는 늪

다행히 한국인은 눈치가 빠르다. 다행히 오래전부터 중국 사업이 뜻대로 되지 않는다는 것을 감지했다. 이대로 두면 안 되겠다는 판단하에 다양한 방법을 찾았다.

첫째는 엄청난 양의 보고서를 작성하기 시작했다. 한국 기업의 보고 문화는 그 양과 빈도수에 있어서 단연 세계 최고다. 들이는 공과 시간은 모든 직장인들로 하여금 문서 작성의 달인으로 만들었다. 그 달인들이 만들어내는 중국 관련 보고서가 지난 십 년간 몇 배로 늘었다. 보고가 너무 많아 매시간 뭘하는지 뿐만 아니라 점심으로 뭘 먹을지도 보고할 지경이다. 중국 지사에서 일하는 주재원들은 보고서를 만드는 기계다.

문제는 이 보고서들의 내용이다. 어떻게 잘할 것인지에 대한 보고보다는, 왜 안 되는지에 대한 보고가 대부분이다. 당연한 결과다. 보고서 작성하느라 본업무를 못하는데, 업무의 성공을 기대하는 것이 무리다. 보고서 작성으로 업무는 뒷전이고, 그 업무 실패를 보고하느라 보고서를 작성하고…… 늪 속으로 빠져 들어갔다.

두 번째 방법은 한국 본사의 결정 권한 강화다. 기본적으로 중국인들은 물론이고 한국인 부하 직원들도 믿지 못하는 한국의 임원들은 "내가 직접 챙겨야지" 하며 팔을 걷어부쳤다. 이들은 한국인의 근면성을 최대한 발휘해 시간을 쪼개 보고서를 읽기 시작했다. 그리고 봐도 이해가 안 되는 내용들은 다시 보충하라고 또 다른 보고서들을 요구했다. 영업 실적이 안 나와도 그 이유를 보고서로, 향후 계획도 보고서로, 진행 상황도 보고서로, 그 과정에서 발생하는 문제들도 보고서로 제출해야 했다. 성질 급한 사람들은 중국행 비행기를 타고 그 보고를 받으러 날아다녔다. 코로나로 국경이 닫히자, 발을 동동 구르며 밤늦게까지 화상회의에 매달리고 있다. 그 결과 얻은 것은 결정의 지연, 보고량의 증가, 그리고 큰 효과 없는 중국 업무 관련 비용뿐이다. 늪 속에 더더욱 깊이 빠져들고 있었다.

세 번째는 중국 공부다. 우린 문제가 있으면 답이 있다고 배웠고, 열심히 공부를 해야 답을 찾을 수 있다고 믿는다. 그래서 이젠 중국도 공부하기 시작했다. 중국어 HSK 6급을 위해 학원을 다니거나, 유명 작가가 쓴 소설을 읽거나, 유명 교수가 진행하는 중국 역사 프로그램을 시청하며 중국 비즈니스를 공부했다고 착각한다. 심지어는 포털이나 블로그에 나와 있는 자극적인 '~카더라' 글들을 정독하며 답을 찾아보기도 한다. 그런데 시간이 지나면서 중국 공부에 대한 물음이 생겼다. 도대체 무엇을 공부하는지도 모르고 무엇을 목표로 공부하는지조차도 불분명했기 때문이다.

답답하다. 당신의 HSK 실력이 6급이 아니라서 사업이 어렵다고 생각하는 것인가? 목표가 비즈니스 성공이라면, 중국어 6급 실력이 과연 무슨 도움을 줄 수 있는지 생각해 보라. 그리고 재무 투자를 할 것이 아니라면, 도표와 숫자들이 가득한 중국 거시 경제책에 밑줄 쳐가면서 공부하는 이유가 뭔지 생각해 보기 바란다. 그저 뭐든지 열심히 하려는 열정은 높이 사지만 비즈니스 문제해결 방법과는 거리가 멀다고 생각되지 않는가?

이 모든 방법들은 문제 해결과는 거리가 멀었다. 오히려 불필요한 업무에 시간과 정력을 낭비하면서, 문제 해결을 방해했을 뿐이다. 실패 극복의 전략을 좀 더 근본적인 곳에서 그리고 실질적인 비즈니스 관점에서 찾아보기를 권한다. 이제 시작하는 본론에서 나는 '생태계 창조'를 그 문제의 답으로 제시하려 한다.

제1부

생태계 창조

제1장 왜 생태계인가? ● 제2장 창조론 1_나의 존재 가치 정의
제3장 창조론 2_중국 소비자 찾기 ● 제4장 창조론 3_파트너 끌어들이기
제5장 창조론 4_환경 활용하기 ● 제6장 창조론 5_락인(Lock-In) 만들기

제1장

왜 생태계인가?

초등학교 과학시간을 떠올려 보자. 우리가 배운 생태계의 주요 구성원은 생산자, 포식자, 그리고 환경이다. 이들은 먹이사슬 또는 가치사슬[2]로 얽혀 있다.

생산자들은 스스로의 양분을 만들어낸다. 이들을 잡아먹는 포식자는 1차와 2차로 나뉘어서, 1차 포식자가 생산자들을, 2차 포식자가 1차 포식자를 잡아먹는다. 환경은 2차 포식자를 분해하고 이를 생산자들이 양분으로 사용하도록 돕는다.

2 먹이사슬은 생존에 필요한 가장 중요한 양분 제공의 관계라는 점에서, 가치사슬이라고도 부를 수 있다. 즉 서로에게 가치를 주고받는 관계인 것이다. 이 책에서는 가치사슬을 뒤에 언급할 밸류체인(Value Chain)과는 다른 개념으로 사용할 예정이다. 혼선이 없기를 바란다.

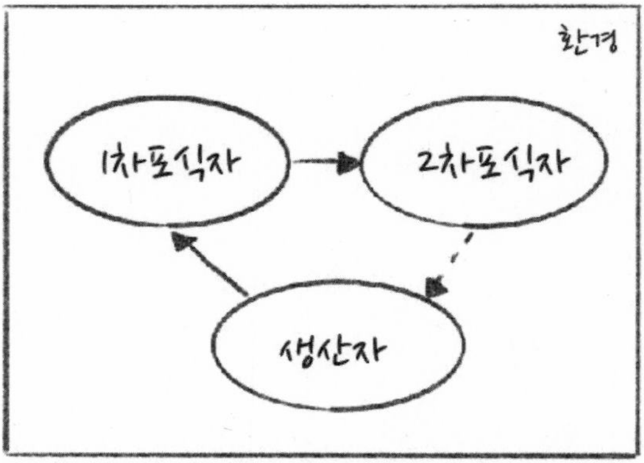

생태계의 가치사슬

먹이사슬 또는 가치사슬을 들여다보면, 일방적으로 희생되는 개체는 없다. 생산자가 언뜻 포식자에게 희생되는 것처럼 보여도, 환경이 포식자를 분해하여 생산자가 이를 소비할 수 있도록 돕는다. 결국 모든 생태계의 개체는 다른 개체에게 먹힘으로써 소멸되는 듯하지만, 다시 동적인 평형상태를 이룬다. 다시 말해서, 모든 개체의 수와 영향력은 생태계 안에서 **균형**을 유지한다.

또한 생태계를 쉽게 떠나지 못하는 억지력이 있다. 한 생태계에 적응한 개체들은 균형을 통해 얻은 안정감을 계속 누리기 위해 쉽게 그 생태계를 떠나지 못한다. 그 억지력을 **락인**(Lock in)이라 부르기로 하자.

지금까지 간단하게 서술한 생태계 묘사를 통해 정리된 '생태계 성공 요건'은 다음의 두 가지다.

① 균형

② 락인(Lock in)

사바나 초원을 예를 들어 설명해 보겠다.

생산자인 초원은 스스로 생산한다. 1차 포식자인 얼룩말은 그 초원을 뜯어 먹으면서 살아남는다. 2차 포식자인 하이에나가 그 얼룩말을 잡아먹는다. 하이에나는 죽고 나서 곰팡이를 비롯한 환경에 의해 분해되고, 초원의 거름으로 사용된다.

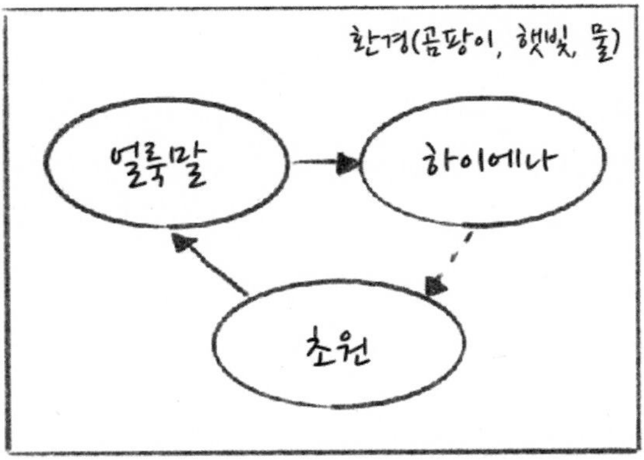

사바나의 가치사슬

이들은 모두 먹이사슬 안에서 서로 먹고 먹히는 과정이 반복되지만, 그 균형을 이루고 살아간다. 동시에 모든 개체는 사바나를 떠나지 못하도록 락인되어 있다. 얼룩말은 하이에나가 무섭다고 북극 생태계인 툰드라로 도망가지 못한다. 얼룩말의 먹이인 초원이 존재하지 않기 때문에 도망가려면 개체 멸종을 각오해야 한다.

비즈니스 생태계

비즈니스 세계에 생태계의 개념을 대입해 보자. 서비스와 상품을 구매하는 소비자가 바로 초원이다. 이들에게 서비스와 상품을 제공하는 기업이 얼룩말이다. 일반적으로 소비자들에게 제품이나 서비스를 직접 제공하는 소비재 기업들이 여기에 해당된다. 그리고 다른 기업들에게 서비스와 상품을 제공하는 기업간 거래 기업이 바로 하이에나다.[3] 그리고 환경의 역할을 하는 것이 정부 또는 정부 산하 기관이다. 이들은 소비자와 기업 또는 기업간의 가치 교환을 원활하게 하도록 지원하는 역할을 한다.

라면 제조기업의 생태계를 예로 들어보자. 라면을 사먹는 소비자는 사바나의 초원이다. 라면을 유통시키는 마트는 1차 포식자, 라면을 유통시키는 회사는 2차 포식자, 라면을 생산하는 회사는 3차 포식자, 라면을 제조할 때 필요한 밀가루를 가공하는 회사 또는 밀을 생산하는 농가는 4차 포식자가 될 것이다. 이들은 서로를 먹잇감으로 먹고 먹히는 먹이사슬로 연결되어 있다.

물론 이 모든 회사들이 하나일 수 있고, 또는 각기 다른 기업들이 협력관계로 연결되어 있을 수 있다. 그리고 이들과 관련된 정책과

3 왠지 육식동물인 하이에나가 모든 먹이사슬의 맨 위에서 군림하는 것 같다. 하지만, 이 책에서는 단순히 먹이 사슬의 순서에 집중해서 설명할 예정이고, 힘의 강약이나 최종 소비자의 개념은 무시할 예정이다.

관리를 하는 정부기관들이 바로 햇빛, 비 그리고 곰팡이를 제공하는 환경이다. 기업으로부터 세금을 걷고, 소비자 권익을 보호하고 기업간의 공정 거래를 감독하는 등의 역할을 한다.

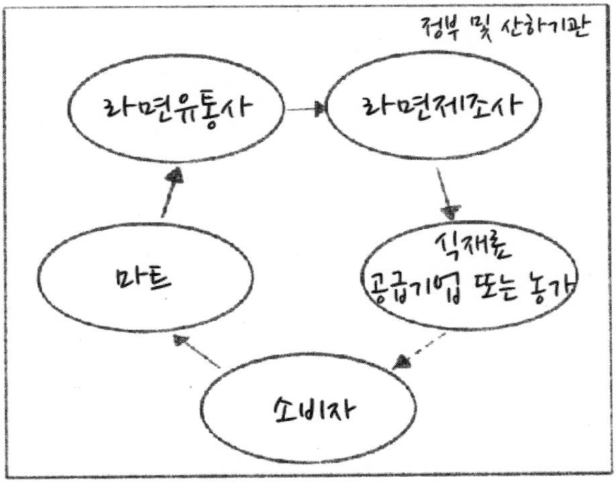

라면 비즈니스의 가치사슬

소비자, 마트, 유통회사, 제조사 등은 이 생태계 안에서 적절한 힘 또는 영향력의 균형을 이루고 있으며, 이 균형이 깨지지 않기 때문에 가치사슬은 유지된다. 가치사슬에서 주고받는 것은 가치 또는 '지불한 돈에 대한 만족감'이다. 각 개체들의 이 만족감이 락인 효과를 설명한다. 얻을 수 있는 만족감이 다른 생태계에 비해 높을 때, 개체들은 생태계를 떠나지 못하게 된다.

예를 들어 보자. 우리는 '라면을 먹고 싶다'라는 생각을 할 때, 자연스럽게 '마트에 가서 라면을 사야지'라는 생각을 한다. 그 마트가 온라인이든 오프라인이든 '라면은 마트에서 판매'한다는 것은 머릿속에 강력하게 주입되어 있다. 라면을 유통하는 회사로서는 마트에 제품이 진열이 되지 않으면 소비자를 만나기 어렵다. 라면 유통사가 마트가 포함된 생태계에 락인되어 있는 것이다.

마트 또한 락인되어 있다. 라면은 많은 소비자들이 마트를 찾는 이유다. 장보기 목록에 라면이 포함되어 있는 경우, 소비자는 마트를 방문한다. 그리고 라면 진열대를 찾으러 강제동선을 따라가면서 끊임없이 카트에 다른 물건들을 쌓는다. 라면이 이유가 되어 방문하지만, 소비자들은 라면 이외의 상품들을, 그들의 의도와는 상관없이, 소비한다. 이런 이유로 마트의 입장에서는 라면 유통사와의 거래가 너무나 중요하다. 강력한 생태계 락인이다.

락인으로 결속된 개체들이 함께 발전해가는 생태계는 요즘 '플랫폼'이라는 이름으로도 종종 언급되기도 한다. 인터넷 비즈니스 모델로 대표되는 플랫폼은, 비즈니스를 디자인하고 통제하여 원하는 결과를 얻는 기존의 생태계와는 다르다. 일단 판을 깔아서 모여드는 기업들이 플랫폼 안에서 다양한 비즈니스 모델을 만들어 발전시키는 것이다. 따라서 지금의 생태계 창조는 플랫폼의 발전전략을 이해해야 성공할 수 있다.

그래서 애플, 아마존, 알리바바, 월마트 등 플랫폼 생태계를 성공시킨 기업들이 전 세계 시가총액의 가장 높은 순위권에 포진해 있다. 더 관심 있는 분들은 이 책의 부록으로 정리된 애플의 생태계를 참고하시기 바란다.

제2장 _ 창조론 1

나의 존재 가치 정의

이제 생태계를 중국 시장에 창조하는 방법을 얘기해 보자. 어디서부터 시작해야 하나?

생태계 설계의 첫걸음은 창조될 생태계에서 당신이 제공할 가치를 먼저 정의하는 것이다. 가치를 제공한다는 말이 와닿지 않는다면, 생태계 안에서 당신의 역할이라고 해석해도 좋다. 중요한 것은 이 역할이 내부의 다른 개체는 물론, 외부 개체로부터 쉽게 대체되지 않는 핵심 경쟁력이어야 한다는 것이다. 당신의 존재 가치를 다른 구성원들이 인정하지 않고 당신이 제공하는 것들에 대해 만족감을 느끼지 못하는 경우, 당신의 생태계는 사라지거나, 당신이 다른 개체로 대체될 것이기 때문이다.

그렇다면 우리의 핵심 가치를 어떻게 정의할 수 있을까? 뛰어난 디자인의 제품일 수도 있고, 수익성이 높은 비즈니스 모델 설계 능력일 수도 있다. 또는 누구보다도 빠른 상품 배송 능력일 수도 있고, 고객의 소리를 정확하게 이해하는 능력일 수도 있다.

중국 어디서나 볼 수 있는 맥도날드의 핵심 가치는 무엇일까? 맥도날드의 핵심 가치는 햄버거의 맛에 있다고 생각할 수 있지만, 쉽게 복제 가능한 능력은 핵심 가치가 되기 어렵다. 오히려 '정확한 상권 분석을 통한 매장 위치 선정'과 '효율적인 조리 프로세스를 통한 빠른 서비스'가 그 핵심 가치에 가깝다. 소비자들은 길목마다 들어선 맥도날드 매장에서, 주문하자마자 제공되는 햄버거에 만족감이 극대화되고 락인이 된다. 이 소비자들을 먹잇감으로 부동산 개발 회사들이나, 가맹 협력사, 식재료 공급 회사 또는 주방 설비 협력사들이 생태계에 모여든다.

핵심가치를 정확하게 파악하지 못한 기업들은, 무턱대고 모든 것을 직접 하려고 한다. 이런 경우 마케팅도 생산도 판매도 모두 스스로 하려고 덤벼든다. 한국에서 하던 대로, 각종 매체 광고 예산을 쓰고, 동시에 판매 채널 확장을 위해 영업사원을 대거 뽑거나, 무턱대고 공장을 인수해서 원가를 절감해 보겠다고 큰소리친다. 결과는 아무것도 잘하는 게 없고, 한 가지 일도 관리조차 되지 않는다.

이렇기 때문에 생태계에 어떤 가치를 제공할 것인가를 파악하는 것은 초기 생태계를 창조하는 데 있어서, 없어서는 안 되는 필수 요소다. 이를 통해서 어떤 구성원들이 생태계에 참여해야 하는지, 상호 어떤 이익을 주고받을지를 설계할 수 있기 때문이다. 혼자 11명의 축구팀이 될 수 없다. 가장 자신 있는 포지션을 먼저 정한 후에 각 포지션별 국가대표급 선수를 모으는 전략이 필요하다.

핵심 가치 정의 방법

중국에서의 핵심 가치를 찾기 위해서는 세 가지 단계를 거쳐야 한다.

첫째는 지금 한국 시장에서의 핵심 가치를 찾아야 한다. 이는 한국에서의 성공 요인이라고 해석해도 좋다.

둘째, 이 핵심 역량이 중국에서도 복제 가능한 것인가를 고민해야 한다. 한국에서만 발휘될 수 있는 능력이라면, 핵심 가치가 될 수 없다.

마지막 단계는 이 핵심 가치가 중국 시장에서 필요로 하는 것인가에 대한 고민이다. 중국에서는 그다지 필요로 하지 않는 역량이라면, 과감하게 다른 가치를 찾는 것이 맞다.

처음의 두 과정은 기업의 내부를 분석함으로써, 마지막 과정은 외부 분석, 즉 중국 시장을 분석함으로써 찾아가야 한다.

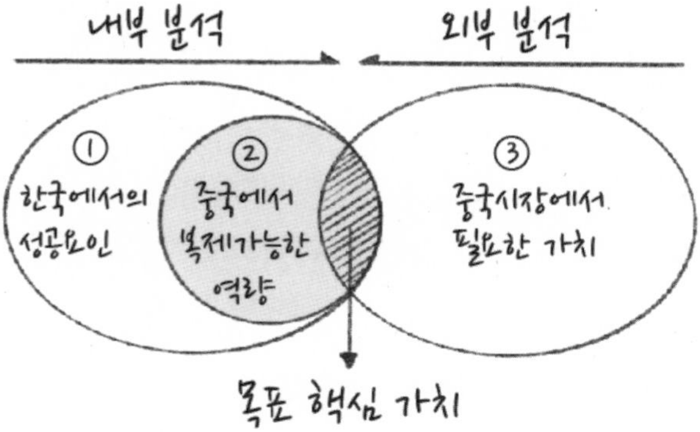

핵심 가치 정의 방법

대형마트의 예를 들어보자.

첫 번째 단계로서 한국에서의 성공 요인이 다음과 같이 분석되었다.

① 매장 위치

② 소비자 프로모션

③ 신선제품 관리 기술

이 마트의 경우, 유동 인구가 많은 좋은 매장 위치를 확보하고 있고, 뛰어난 마케팅 능력으로 성공적인 프로모션을 하고 있으며, 생선이나 야채 등의 제품이 신선하다고 정평이 나 있다고 가정해 보자.

두 번째 단계는 중국에서 복제 가능한 것인가를 생각해 봐야 한다. 세 가지 능력 중에서 중국에서 복제 가능한 기술이 아닌 것은 무엇일까. 대도시에 진출하려 하는데, 이미 도시 곳곳에 경쟁 대형마트들이 좋은 자리를 모두 차지했다면 ①은 중국에서 복제가 불가능하다. 결국 ① 매장 위치는 핵심 가치 후보에서 빼기로 한다. 남은 것은 ② 소비자 프로모션과 ③ 신선제품 관리 기술이다.

이제 마지막 단계는, 이 두 가지 능력 중에서 어떤 능력이 중국에서 필요로 하는 것인지를 알아보는 것이다. 시장 조사를 해보니, 중국인들에게 효과적인 프로모션은 우리와는 많이 다르다는 것을 알게 된다. 한국 마트들이 자주 활용하는 멤버쉽 카드나 셔틀버스 서비스 따위에 중국인들은 관심이 없고, 우리가 생소한 위챗(wechat,

微信)[4]을 활용한 다양한 프로모션들에 익숙하다는 것을 알게 된다. 고민 끝에 한국에서의 성공 요인인 ② 소비자 프로모션 능력은 중국에서 활용도가 낮을 것이라는 결론을 내리게 된다. 결국 소비자 프로모션도 핵심 가치 후보에서 제외한다.

결국 ③ 신선제품 관리 기술이 중국 생태계에 주입할 핵심 가치라는 결론을 내린다.[5]

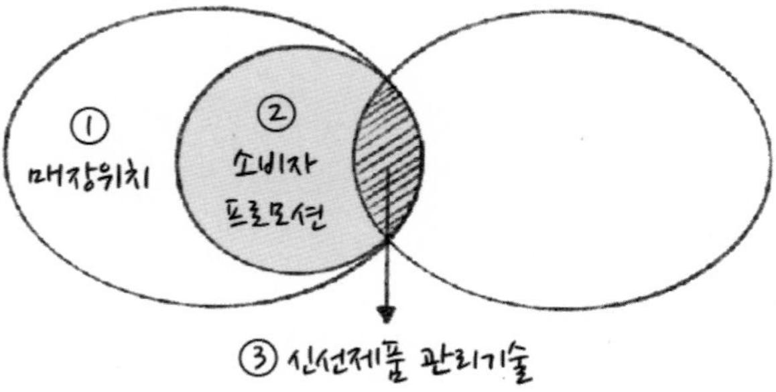

핵심 가치 정의 접근 예시

하지만 이것이 끝이 아니다. 이제 이 핵심가치를 생태계에 주입하는 방법을 정해야 한다. 신선제품 관리 기술을 활용하기 위해서,

4 이제 우리나라에서도 꽤 많이 사용되지만, 모르는 분들을 위해서 잠시 설명드리자면, 위챗(Wechat) 또는 중국어로는 웨이신은 텐센트(Tencent)가 개발 및 운영하고 있는 소셜 플랫폼으로, 이미 전 세계 10억 명이 넘는 사용자가 등록되어 있다. 카카오톡이나 라인과 같은 메시징 앱에서 시작되었지만 이젠 가장 인기 있는 소셜 네트워크이며 금융 거래 및 지불 수단으로 자리잡았다

5 물론 이런 고민을 하다 보면, 한국에서의 모든 핵심 가치가 중국에서는 쓸모없는 경우가 있다. 이때는 과감하게 새로운 핵심 가치를 찾는 것이 필요하다.

마트를 오픈하고 제품의 신선함을 홍보할 것인지, 신선제품만을 전문으로 판매하는 전문 마트를 오픈할 것인지, 아니면 신선제품 관리 대행 서비스를 중국 마트에게 제공할 것인지, 이것도 아니면 신선제품을 관리하는 기술과 설비를 판매할 것인지를 고민해야 한다. 즉 소비자를 공략하는 생태계 안의 당신이 1차, 2차 또는 3차 포식자인지를 구별하는 것이다. 이 역할에 따라, 그 외의 어떤 개체들이 생태계에 진입해야 하는지를 알 수 있다. 이 모든 그림이 완성되면, 당신은 중국 비즈니스 모델을 설계한 것이나 다름없다.

예전 한국의 모 기업의 대표분을 만나서 중국 진출 방법 등에 대한 말씀을 나눈 적이 있었다. 그 기업은 한국의 통신사를 통해서 소비자들에게 모바일 콘텐츠 서비스를 하는 기업이었다. 이 비즈니스를 가지고 중국에 진출하고 싶다는 뜻에 따라 마련된 자리였다.

"대표님, 결국은 이 서비스는 소비자를 위한 것이네요. 그렇다면, 꼭 통신사를 통하지 않고도 서비스를 제공할 수 있다면 상관없겠군요."

"아니요, 무조건 통신사를 통해서 서비스를 해야 합니다."

이 서비스는 소비자들의 모바일 폰에서 구동만 된다면 상관이 없는 것인데 왜 굳이 통신사를 통해서 유통을 시켜야 한다고 생각하는지 알 길이 없었다.

"한국에서 그렇게 해서 성공을 시켰습니다. 당연히 중국 통신사하고 일을 해야 성공합니다."

한국에서의 성공이 중국 진출에 방해가 되는 경우다. 한국에서 성공한 비즈니스 모델을 그대로 중국에도 복사하겠다는 생각이 잘

못된 것은 아니다. 하지만 앞뒤 안 가리고 비즈니스 모델을 결정해 버리는 것은, 좋은 전략 수립에 방해물이 된다.

온라인 콘텐츠를 중국에 판매하려고 한다면, 핵심 역량이 콘텐츠를 만드는 것인지, 콘텐츠를 유통시키는 것인지, 콘텐츠를 쉽게 모바일 기기로 볼 수 있도록 하는 기술인지, 아니면 보유한 콘텐츠의 수량인지를 정확하게 이해하는 것이 처음 단계다. 그래야 당신이 제공하지 못하는 가치들을 정확하게 알 수 있고, 이를 제공할 수 있는 다른 개체들을 초대하여 생태계를 구축할 수 있다.

제3장 _ 창조론 2

중국 소비자 찾기

중국 생태계에서 당신의 역할을 정했다면 다음 단계로 넘어가자. 생태계에서 가장 필요한 개체를 찾을 예정이다. 바로 소비자, 즉 초원이다. 자칫 기업간 거래(Business to Business)만을 하는 기업들에게 소비자는 그 생태계에 포함이 되어 있지 않는 것처럼 보일 수 있지만, 완전한 생태계가 구성되기 위해서는 소비자들이 없어서는 안 된다. 먹이사슬의 가장 밑바닥에서 스스로를 생산하는 초원이 없다면 먹이사슬의 정점에 있는 하이에나도 살아 남을 수 없기 때문이다. 결국 모든 비즈니스를 돌아가게 하는 원천은 소비자가 지불하는 돈이다.

물론 우리는 생태계에 락인될 만한 소비자를 찾아야 한다. 앞서 말했지만, 모든 개체는 생태계 안에서 누리는 만족감에 따라 락인 효과가 생겨난다. 따라서 어떻게 소비자를 만족시킬 것인가가 중요한 문제다.

그 해답을 찾기 위해, 다음의 두 인물을 비교해 보자.

샤오미의 레이쥔과 애플의 스티브 잡스

오래전 중국 스마트폰 시장의 지각 변동을 가져왔던 샤오미의 레이쥔과 다섯 살짜리도 다 아는 스티브 잡스다. 레이쥔은 잡스처럼 입고 잡스처럼 행동해서 수많은 사람들로부터 (특히 한국 사람들로부터) 비웃음을 샀다. 하지만 샤오미의 레이쥔은 애플의 스티브 잡스의 행동과 옷차림만 모방한 것일까?

한국 사람들이 비웃든 말든, 샤오미는 대박을 터트렸다. 이제는 한국에서조차 '대륙의 실수'라는 영광스런 칭호를 받으며 인기를 누리고 있다. 한때 샤오미의 모바일 폰 판매가 주춤하자, 모든 사람들이 비웃으며 말했다. 싼 가격으로 밀어부치던 전략이 이제 한계를 맞이했다고.

하지만 그걸 비웃듯이 샤오미는 다시 떠오르고 있다. 이제는 스마트폰이 아니라 사물인터넷(Internet of Things) 기술을 내세운 공기청정기, 인공지능 스피커, 청소기 등의 잡동사니로 시장을 휩쓸고 있다. 그리고 샤오미의 오프라인 매장은 소비자들로 문전성시를 이룬다. 어떤 경쟁사의 오프라인 매장에도 손님이 그토록 많은 것을 보기 힘들다. 뛰어난 제품과 유통전략에 있어, 중국에서는 샤오미에 견줄 브랜드는 애플뿐이다. 비결이 뭘까.

샤오미의 성공 요인이 바로 스티브 잡스와 레이쥔의 공통점에 있다. 물론 청바지와 검은색 티셔츠를 얘기하는 것은 아니다.

샤오미의 성공 요인 분석

샤오미 스마트폰이 처음으로 세상에 등장하자, 수많은 사람들은 샤오미에 열광했고, 경쟁사들은 두려워했다. 소비자들은 낮은 가격임에도 불구하고 뛰어난 성능에 열광했다. 그리고 경쟁사들은 온라인에서 성공하는 샤오미가 두려웠다. 낮은 가격과 온라인을 통한 판매는 기존의 경쟁사들이 철저하게 무시하고 있었던 전략들이었다. 무시한 이유는 간단했다. 불가능하다고 생각했기 때문이다.

하지만 샤오미는 이를 해냈다. 사실 이 두 가지 전략은 하나의 전략으로 볼 수도 있다. 온라인을 활용한 창의적인 아이디어로 가격을 낮춘 것이다.[6] 당시 경쟁사들에게 보여진 샤오미의 존재는, 마치

6 물론 가격을 대폭 낮출 수 있는 것은 수익성에 대한 압박이 없었던 스타트업이기에 가능했다. 그리고 샤오미는 온라인에서의 활동이나 구매가 익숙한 젊은 사람들을 목표 고객으로 잡았다.

세계대전에서 갑자기 등장한 전투기의 느낌일 것이다. 바다와 육지에서 열심히 총과 대포를 쏘아대는데, 전혀 생각하지 않았던 하늘에서 갑자기 포탄이 떨어질 때의 그 두려움.

그 당시 샤오미 제품의 가격 구조를 분석해 보자.[7]

샤오미는 ① 온라인으로만 직접 판매하면서, 유통마진이 사라졌다. 자신들의 온라인 상점에서의 직접 판매이므로, 통신사나 유통사들의 도움은 필요없었다. ② 온라인으로 하는 입소문 마케팅으로 광고를 대신했다. 매체 광고비를 포함한 굵직한 마케팅 비용이 사라졌다. ③ 온라인으로 서비스 소싱(service sourcing)을 했다. 판매 후 서비스는 제조사의 가장 큰 골치덩어리이다. 경쟁사의 경우, 엄청난 비용이 판매 직후 서비스 운영에 사용된다. 샤오미는 멤버쉽이자 팬클럽인 미펀(米粉)을 온라인으로 운영하고, 샤오미 사용자들이 다른 사용자들을 돕도록 권장했다. 즉, 개인 간(peer to peer) 서비스를 통해 대규모 서비스 센터를 운영할 때 드는 비용을 절감했다. 물론 샤오미는 이들 자원봉사자들에게 신제품 구매시 할인 등 다양한 혜택을 주는 것을 잊지 않았다. ④ 온라인으로 선주문을 받았다. 얼핏 별것 아닌 것처럼 보이지만, 제품 생산 전에 이미 판매량을 정확히 알 수 있다는 것은 제조 비용은 물론 재고 관리 비용을 모두 절감하는 천재적인 아이디어였다. 모든 것이 경쟁사와 비교해서 달랐고, 고객은 그 가성비에 만족했다.

7 이 분석은 초기 샤오미 스마트폰의 가격 구조를 설명한 것이며, 최근의 가격 및 유통 전략과는 같지 않을 수 있다. 앞서 언급했듯, 현재 샤오미는 온라인은 물론 오프라인의 유통망도 장악해서 시장을 넓혀가고 있다.

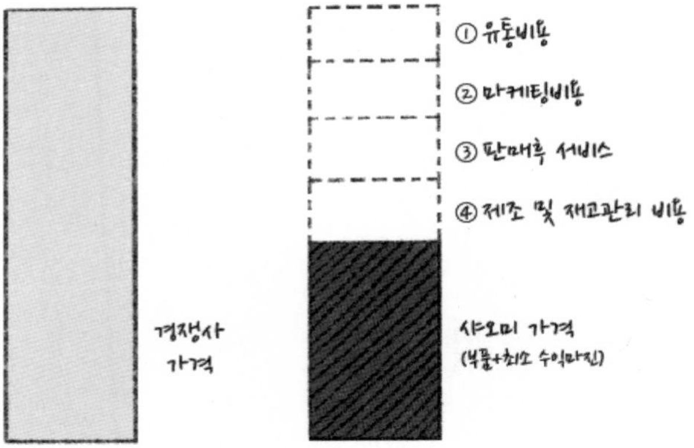

샤오미 제품의 가격 구조

경쟁사들도 가만히 앉아서 당할 수는 없었다. 경쟁사들은 부랴부랴 샤오미를 베끼기 시작했다.[8] 온라인으로 마케팅을 하고 판매를 시작했다. 샤오미의 미펀과 같은 온라인 커뮤니티를 열고, 선주문을 받아보기도 했다. 심지어 몇몇 스마트폰 제조사들은 온라인 전문 브랜드를 독립적으로 런칭해서 샤오미에 대항하고자 했다. 하지만 모두 실패로 끝났다. 전투기를 흉내내기 위해 하늘에 열기구를 띄웠지만, 적을 섬멸하는 파괴력은 없었던 것이다. 전투기를 만들 수 있는 능력은 샤오미와 애플밖에 없었다.

8 당시 나는 우리나라 기업을 포함해 중국에 진출한 3개의 샤오미 경쟁사로부터 동시에 샤오미의 성공 요인을 분석해 달라는 부탁을 받아서 프로젝트를 진행했었다. 그만큼 샤오미의 등장은 당시 경쟁사들에게 매우 위협적이었다.

샤오미와 애플의 공통점

스티브 잡스와 레이쥔, 또는 애플과 샤오미의 공통점은 '소비자 경험에 대한 뛰어난 이해'다. 이들 모두 소비자 경험을 비즈니스의 모든 결정의 중심에 두었다. 예를 들어 보자. 모바일 폰을 판매하는 데 있어서 아마도 둘다 같은 생각을 했을 것이다. "쓸데없는 유통 비용이 거품으로 가득찬 비싼 모바일 폰을 꼭 통신사를 통해서 사야 하는가?" 결국 두 회사 모두 통신사나 중간 유통상을 빼고, 직접 소비자에게 판매했다. 이와 같이 소비자의 경험을 이해하고, 소비자 중심으로 연구 개발, 생산, 물류, 유통 그리고 판매를 변화시켰다. 그 결과 소비자들이 생태계에 락인된 것이다.[9]

당시 샤오미는 타겟 소비자층이 꽤 분명했다. 온라인이 오프라인보다 편한 10~30대의 웹 세대였다. 샤오미의 멤버쉽이자 팬클럽인 미펀(米粉)에 가입한 소비자들은 샤오미에게 여전히 제품에 대한 아이디어와 사용 후 피드백을 제공했고, 샤오미는 이를 하나하나 받아들여서 제품을 개선하고 발전시켰다. 마치 연구 개발(R&D) 부서를 소비자에게 위탁 운영한 것이나 다름 없었다. 샤오미는 안드로이드의 오픈성을 더 강조하기 위해서 모바일 폰 화면에서 지원되는 위젯(wiget)이나 스킨(skin)의 소스도 공개했다. 결국 사용자-

9 애플도 모든 출발점이 소비자다. 스티브 잡스가 천재라고 칭송을 받는 이유는 그가 만든 제품 자체 때문이 아니라, 어떤 과정을 통해서 만들었냐이다. 모든 것은 제로베이스 사고에서 출발했다. 그에게는 기존의 스마트폰의 버튼을 어떻게 개선할 것인가는 관심없었다. 대신 사용자 관점에서 새로운 버튼을 창조했다. 제품뿐만 아니다. 왜 온라인과 오프라인에서 스마트폰의 가격이 달라야 하는가? 왜 이 매장과 저 매장의 가격이 달라야 하는가? 소비자들이 왜 쓸데없이 가격 비교 하느라 시간을 버려야 하는가? 이런 질문들을 던지고, 결국은 온라인과 오프라인의 유통을 통합했다.

개발자 – 판매자의 경계가 무너졌다. 사용자가 스스로 스킨을 꾸며서, 미펀에 올려서 판매하는 것이 가능해진 것이다. 미펀을 통해 말 그대로 샤오미(米)를 가지고 즐거움(Fun의 동음어 – 粉)을 느끼기 시작했다.[10]

물론 모든 기업이 소비자를 연구하고 있다고 자부한다. 소비자 조사도 하고, 소비자 보고서도 열심히 읽고 있다고 큰소리친다. 하지만 과연 소비자 연구가 각 부서의 결정에 영향을 미치고 있는가? 대부분의 기업들은 소비자를 잘 알지 못한다. 대신 유통상을 잘 알고, 협력사를 잘 안다. 이 글을 읽고 있는 제품 개발 또는 제품 유통 담당자들은 가슴에 손을 얹고 생각해 보기 바란다. 과연 당신의 기업이 소비자의 요구를 적극적으로 반영하고 있는가? 아니면 유통 거래처의 요구사항만 듣고 있는가?

레이쥔이 소비자들이 올린 제안을 적극 반영한 것이 별것 아니라고 생각한다면 대단히 착각하는 것이다. 지금 중국에서는 샤오미 외에는 그 어떤 경쟁사도 하지 못하는 것이다. 소비자 경험을 그 중심에 두는 기업 철학의 문제이기 때문이다. 현재 경쟁사들은 앞으로도 이런 혁신을 이루기는 어려울 것이다. 브랜드가 다시 태어나는 방법 외에는 없다.

이 글을 쓰고 있는 지금도 샤오미의 생태계는 여전히 공고하다. 이제 이 생태계는 사물인터넷 기술을 기반으로 더 넓은 소비자층

10 미펀은 샤오미의 쌀 미(米)와 '재미있는'의 영어인 펀(Fun)을 합쳐서 만든 멤버십이자 팬클럽 이름. 요새 덕질이라고 부르는 열혈 팬덤을 상업적으로 가장 잘 성공시킨 케이스다. 한때 한 제품의 리뷰가 1억 개가 넘을 정도로 인기가 있었다.

과 더 넓은 협력기업층을 아우르고 있다. 그리고 여전히 샤오미는 소비자 경험 중심의 전략을 유지하고 있다. 소비자들이 원하는 좋은 제품을 저렴한 가격으로 제공한다. 현재 출시되어 사랑을 받는 TV, 휴대용 배터리, 공기 청정기 등등의 잡동사니 같은 제품들 모두 소비자의 디자인과 아이디어를 바탕으로 만드는 것이다. 모든 경쟁사들이 샤오미의 모델을 또다시 연구하기 시작했다. 달라진 것은 이제는 스마트폰 제조 경쟁사들뿐만 아니라 모든 리테일 기업들이 샤오미를 모범사례로 삼고 있다는 것이다.

소비자 찾기 vs 소비자 보유한 생태계 찾기

사실 우리 나라 대기업 그룹들처럼 자국 내 시장에서 아주 공고한 생태계를 구축한 경우는 세계 어디에서도 그다지 많지 않다. 한 산업의 전체 밸류체인(value chain)을 그룹 내 계열사들로 채워넣은 것은 다른 나라 비즈니스 생태계에서는 찾기 힘든 사례다. 제품 개발은 둘째치더라도 각 제품을 생산하는 회사, 물류 회사, 판매 회사, 유통 회사, 광고 마케팅 회사, 애프터 서비스 회사까지 모든 생태계 내의 기업들이 하나의 지주회사 아래 편입되어 있거나, 순환출자방식으로 그 관계가 끈끈하게 구축되어 있다. 엄청난 락인이다.

문제는 중국에서는 이 생태계를 복제하기 힘들다는 것이다. 한때 대기업 계열사들의 대거 동반 진출이 유행한 시기가 있었다. 제과 및 음료 제조 회사가 진출하고, 이를 판매할 마트가 진출하고, 물류 회사가 나오고, 전단지 만들 광고 회사가 나오고, 전산 시스템을 운영할 회사까지 나왔다. 생태계 전체를 이식한 느낌이었다. 하지만 그 어떤 계열사도 살아남지 못했다. 바로 제일 중요한 한 가지 개체를 복제하지 못했기 때문이다. 그 개체가 바로 소비자다. 모든 계열사가 덤벼들어도 중국 소비자를 끌어오지 못한다면, 동반 진출은 결국 함께 죽자는 것밖에는 되지 않는다.

소비자를 락인하기 위해, 두 단계의 접근 방법을 권한다.

첫 번째 단계는 소비자를 가지고 있는 생태계로의 편입이다. 우리가 중국 비즈니스를 시작하자마자 소비자를 찾아내 락인하는 것은 불가능에 가깝다. 소비자가 있는 생태계로 먼저 들어가야 한다. 우리가 편입될 생태계는 소비자를 많이 가지고 있을 뿐더러, 그 소비자들이 락인되어 있어야 한다. 충성도가 낮은 소비자들로 가득한 생태계에 편입되어 봤자, 얼마 지나지 않아 생태계는 무너지고 새로운 생태계를 찾아 떠나야 할 것이다.

기업간 거래(Business to Business) 기업도 마찬가지다. 당신이 얼룩말이든 하이에나든 상관없다. 하이에나의 눈에는 먹을 수도 없는 초원 따위는 안중에 없을 것이다. 하지만 결국은 먹이사슬이 생태계를 유지시킨다. 당신이 무엇을 누구에게 판매하든 간에 소비자층이 단단하지 않으면 생태계의 가치는 교환되지 않는다.

인터넷 쇼핑몰을 열어서 당장 방문객 수를 늘릴 수 있을 것 같지만, 안타깝게도 중국에서 인터넷 쇼핑몰 사업을 성공시킨 외국 기업은 찾아보기 힘들다. 인기 있는 중국 쇼핑몰을 찾아서 입점하고 납품하는 현명한 전략이 필요하다. 아마존을 비롯한 최고의 전자상거래 기업들이, 직접 인터넷 쇼핑몰을 소유하지 않고, 알리바바의 티몰(tmall, 天猫)에 입점을 해서 소비자를 찾는 것은 그 좋은 예다.

두 번째 단계는 서서히 소비자를 찾아 락인시키는 것이다. 소비자를 찾아 편입된 생태계에서 중국 기업들과의 협력을 통해 당신은 중국의 소비자들을 더 많이 접하고 이 경험을 통해 중국 소비자의 소비 습관이나 행태에 대해 배우게 될 것이다. 경험이 축적되면, 그 소비자를 락인시켜서 나의 생태계로 전환시키거나, 나만의 생태계를 창조하는 것이다.

2008년 많은 영아들을 죽음으로 몰아넣은 멜라민 분유 파동 이후, 중국 엄마들은 믿지 못할 중국산 분유 대신 외국산 분유를 찾았다. 중국인들은 홍콩이나 외국으로 나가서 분유를 사재기하거나, 보따리장수들을 통해 해외에서 사 온 분유를 비싸게 구입했다. 당시 중국 시장에 진출하지 않았던 독일이나 네덜란드 분유 회사들에게는 엄청난 기회가 찾아온 것이다. 하지만 이들은 섣불리 자신들이 나서서 유통망을 구축하거나 소비자를 찾아 나서지 않았다. 대신 소비자를 확보하고 있는 유통상들을 찾아서 총판대리상으로 삼았다. 그리고 몇 년 동안 유통상들의 생태계 안에서 어깨너머로 중국 소비자들을 공부하기 시작했다. 어떤 경로로 분유를 구매하고, 어떤 기준으로 분유를 고르는지도 파악을 했다.

분유라는 것은 한번 아기들이 별탈 없이 먹기 시작하면 엄마들이 쉽게 바꾸지 못하는 제품이다. 외국 분유 회사들은 중국 엄마들과 아기들이 락인이 되자, 과감하게 인터넷 판매를 시작했다. 유통상의 의존도는 낮아지고, 외국 분유 회사들은 생태계를 장악했다.

다시 강조하지만, 중국 비즈니스를 시작하자마자 소비자를 찾아내는 것은 불가능에 가깝다. 중국 진출이 20년이 넘은 한국 기업들도 중국 소비자를 락인하지 못하고 유통상과의 거래에만 집중하고 있다. 물론 당장의 매출에는 문제는 없을지 모른다. 오히려 유통상 말을 잘 듣는 것이 현재로써는 더 유리할지 모른다. 하지만 언제까지 유통상이 짜놓은 틀에 스스로를 맞출 것인가. 유통상에 의존하는 당신은 생태계에서 언제든지 대체 가능한 개체일 뿐이다. 지금 전 세계 비즈니스의 트랜드는 소비자에 대한 이해다. 소비자를 이해하고 락인하는 기업이 결국 생태계를 군림한다.

제4장 _ 창조론 3

파트너 끌어들이기

생태계 내에서 개체들은 가치를 교환한다. 기업들의 생태계에서도 수익이 발생하면 다른 기업들과 그것을 서로 나눌 수 있는 구조여야 한다. 그렇게 균형과 락인을 이루게 된다.

물론 생태계에서 개체들이 늘어간다는 것은 먹잇감을 나눈다는 차원에서 달갑지 않은 일일 수 있다. 사바나 초원을 뜯어먹는 얼룩말 입장에서는 코뿔소를 비롯한 또 다른 초식동물들이 생태계 안에 진입하면 상당한 스트레스가 될 것이다. 한정된 양의 풀을 가지고 싸울 것이 분명하기 때문이다. 하지만 얼룩말은 잊고 있다. 다른 초식동물들의 배변이 자신이 먹어야 할 초원을 더욱 무성하게 하며, 자기 대신 오늘밤 하이에나의 먹잇감이 되어 준다는 것을 말이다.

균형만 이룰 수 있다면, 다양한 기업들이 참여해 가치사슬이 다양하게 구성되는 것이 오히려 외부 자극에 덜 영향받는 건강한 생태계로 만들 수 있다. 동시에 서로 다른 기업들의 다양한 서비스와 제품을 통해 새로운 소비자들이 생태계 안으로 들어올 가능성이 높아진다. 어차피 파이를 키울 수 있다면, 서로 나눠 먹는 것은 손해가 아니다.

문제는 생태계에 좋은 기업들이 자발적으로 참여하게 만들고 이후에도 계속 충성을 다해서 머물도록 어떻게 락인을 걸 수 있는가이다. 이를 위해서 중국 기업들을 좀 더 연구해 볼 필요가 있다.

중국 생태계의 기업

한국은 소비자 중심의 시장이며, 중국은 판매자 중심의 시장이다. 한국은 소비자가 시장을 이끌어가는 니즈(Needs)에 따라 기업들이 제공하는 제품을 비교 선택한다. 중국은 좀 다르다. 중국은 많은 경우 기업이 소비자의 니즈를 창출한다. 기업이 새로운 제품을 제안하고 소비자를 유혹함으로써 새로운 제품의 카테고리가 생겨난다. 소비자가 제품을 끌어내는 풀(Pull)의 시장과 기업이 제품을 밀어내는 푸쉬(Push)의 시장인 점에 차이가 있다.

왜 중국은 판매자 중심의 시장이 되었을까? 이에 대해서는 다양한 해석들이 있다. 워낙 넓은 땅의 많은 인구에게 골고루 제공할 상품이 부족하거나 유통이 어려웠기 때문에 (적어도 큰 도시 외에서는 상품을 공급받기가 어려웠던) 비롯된 현상이라는 사람들고 있고, 사회주의 경제체제 초창기 시절 턱없이 부족했던 생산량 때문에 생겨난 현상이라고 하는 사람들도 있다.[11]

촹고우(创狗)라는 중국의 온라인 기업들에게는 아주 중요한 마케팅 수단이 있다. 사재기라는 뜻인데, 희소성을 홍보해서 한정된 물량을 빠르게 판매하는 전략이다. 우리에게도 익숙한 예를 들어보자면, 한여름 마트에서 '수박 한 통에 5천 원, 30개 한정 판매'라면서 반짝 세일하는 것이다. 싸고 좋은 물건을 정해진 시간에 판다고 하면 소비자들이 우르르 몰려들어 사재기를 하는 습성을 노리는 것이다. 물건을 소비자가 필요해서 사는 것이 아니라, 기업이 제품의 희소성과 유한성을 강조해서 판매하는 이런 프로모션은 온라인과 오프라인 모든 쇼핑몰에서 아주 효과적으로 활용된다.

판매자가 이끄는 중국 시장을 이해하지 못하는 외국 기업들은 소비자 연구에 시간과 열을 올린다. 중국의 소비자들은 어떤 제품을 선호할까, 어떤 소비 패턴을 가지고 있을까, 그리고 자국 소비자와의 차이점은 무엇일까. 이런 소비자 연구는 중국의 소비자가 상당히 논리적이고 합리적으로 사고하며, 일관적인 소비 행태를 가지고 있을 것이라는 가정 하에서 이루어지기 마련인데, 그 어느 나라 소비자와 마찬가지로 중국 소비자도 예측불가능한 측면들이 너무나 많이 있다. 그렇기 때문에 몇 주 간의 소비자 연구를 통해 정답이 나올 것이라 기대하는 것은 무리가 있다.[12]

그렇다면 판매자 중심의 시장이라는 것이 생태계 구성에 어떤 의미가 있을까? 중국의 대표 기업 알리바바의 성공 스토리를 연구해보자.

11 아직도 판매상인이 거스름돈을 던지는 경우를 대도시에서도 볼 수 있는데, 사람들은 이를 판매자 우위의 문화에서 비롯된 것이라 하기도 한다.

12 물론 소비자 연구조차도 안 하는 기업은 중국 시장에 대한 준비가 안 되어 있다고 강조하고 싶다. 소비자 연구는 기본이다. 단지 그 결과를 맹신하는 것은 위험하다.

알리바바 vs 아마존

21세기 최고 기업이라고 칭송받는 아마존(Amazon)을 비롯한 글로벌 전자상거래 기업들이 중국에서는 아주 초라한 성적을 거두고 떠났다는 것은 잘 알려져 있다. 아마존은 초기 진입 후 사업 수익성을 이유로 쇼핑몰을 폐쇄하고 중국 시장을 떠났다. 이베이(eBay)도 자체 쇼핑몰을 폐쇄했다. 물론 두 기업은 그 이후로도 재무 투자 등 다양한 형태로 사업 활동을 하고 있지만, 다른 나라에서는 수익을 창출하는 캐시카우(cash-cow)인 소비자 온라인 쇼핑몰이 중국에서 실패했다.[13] 그 이유가 무엇일까?

아마존과 알리바바의 타오바오(淘宝)[14]의 비즈니스 모델부터 들여다보자.

아마존은 대표적인 사입판매 모델이다. 풍부한 경험과 트랜드에 민감한 머천다이저(merchandiser)들이 좋은 브랜드와 제품을 소싱해서 쇼핑몰을 통해 직접 소비자에게 판매를 한다. 소비자들은 엄선된 좋은 품질의 제품들을 믿고 주문하고, 안전하고 빠른 배송을 통해 수령하는 것이 아마존이 내세우는 고객 가치다. 그리고 이 과정에서 제품을 사들이는 가격과 판매하는 가격의 중간 수익을 가져가면서 수익을 창출한다.[15]

13 아마존의 쇼핑몰 사업은 다시 중국 시장으로 복귀했다. 하지만 방문객이 없을 것을 우려해서 알리바바의 티몰(T-mall) 안에 아마존 쇼핑몰을 입점하는 형태였다.

14 알리바바는 다양한 형태의 인터넷 쇼핑몰을 운영하고 있다. 타오바오는 그중 가장 큰 (거래량 기준) 쇼핑몰이다.

15 아마존은 이외에도 다양한 비즈니스 모델을 가지고 있는데, 사입모델은 중국 진출 당시 모델이었다. 이 책에서는 아마존의 사입모델만을 가지고 비교할 예정이다.

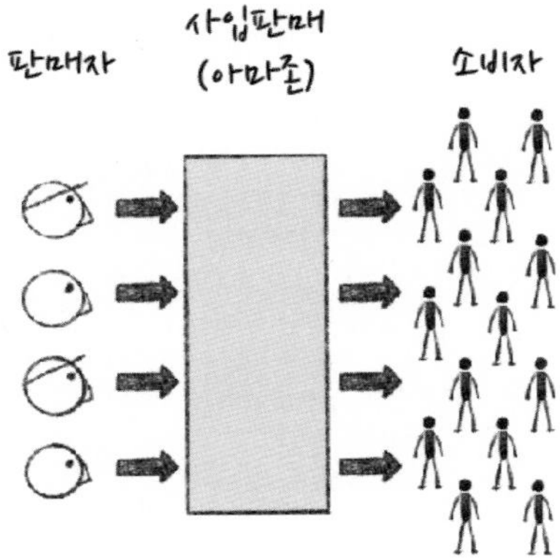

아마존의 사입판매 모델

알리바바 타오바오의 모델은 다르다. 판매장터를 열어주고 이를 이용하는 판매자들에게 일정한 이용 수수료를 받는 모델이다. 쇼핑몰에서 엄선한 제품 선정보다는 다양한 제품을 대량으로 판매하는 것이 기본 구조다. 그리고 수많은 소비자들이 쇼핑몰에 몰려 드는 방문 트래픽(traffic)을 만들어내고, 판매자들이 다시 이 소비자들을 보고 몰려들게 하는 순환구조가 이 비즈니스 모델의 핵심이다.[16]

16 물론 이 두 가지 종류의 비즈니스 모델은 새로울 것이 전혀 없다. 아마존 외에 또 다른 미국의 대표 쇼핑몰인 이베이(ebay)나 한국의 쇼핑몰 옥션이 바로 타오바오와 같은 판매장터 모델이고, 한국의 다른 일반적인 쇼핑몰들 및 중국의 징동(JD.com)이 사업 모델이다.

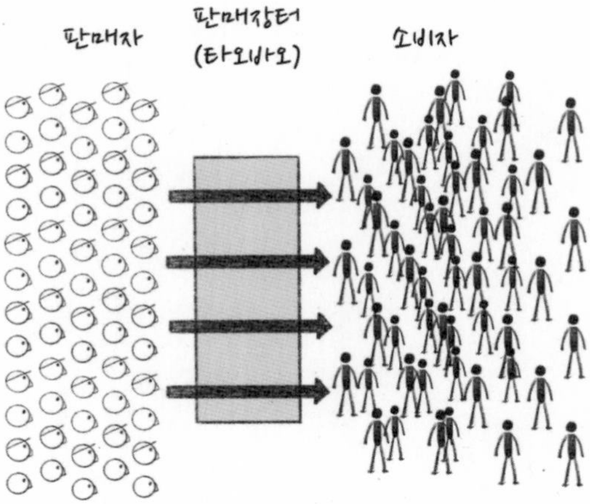

타오바오의 판매장터 모델

많은 사람들은 타오바오가 '어떻게' 아마존의 도전을 물리쳤는지에 대해서는 관심이 많다. 하지만 문제의 핵심은 '어떻게'가 아니라 '왜'이다. 중국 온라인 쇼핑몰의 태동 당시에 '왜 타오바오의 판매장터 모델이 아마존의 사입판매 모델보다 더 적합했었는지'이다.

이 두 온라인 쇼핑몰이 경쟁을 시작할 당시, 중국의 소비자들은 구매 가능한 상품의 다양성을 제품의 품질보다 우선시했다. 당시 중국은 물론 그 어디에서도 인터넷 쇼핑몰은 제품에 대한 품질 보증이 어렵다는 것을 알기 때문에 품질은 그 누구도 기대하지 않았다.

타오바오는 판매자들에게 판매하기 쉬운 환경을 제공했고, 판매자들은 타오바오에서의 판매를 선호했다. 판매자들이 몰릴수록 쇼핑몰에서 판매하는 상품의 수가 늘어갔다. 당연히 판매 상품의 수를 보고 들어오는 소비자들 또한 그 수가 늘어갔다. 그리고 당연히 이 소비자들을 보고 들어오는 판매자들은 더더욱 늘어났다. 결국 이런 선순환의 고리, 생태계를 만들어낸 타오바오는 규모의 경제를 구축해서 소비자와 판매자 모두 락인해 버린 것이다.

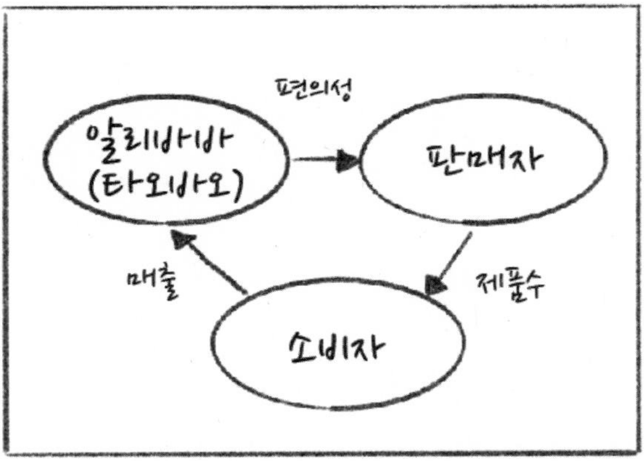

타오바오의 선순환 가치사슬

반면에 아마존은 처음에 미국 등 다른 시장에서 성공한 모델을 고수했다. 이 모델은 소득 수준이 높은 소비자들이 좋은 상품을 구매하려는 욕구가 강한 것을 알고, 고가의 좋은 브랜드를 싸게 구입해서 오프라인보다는 저렴하게 파는 전략이다. 머천다이저들이 엄선한 소량의 브랜드 제품들이 쇼핑몰에서 팔렸다. 지금의 중국 소비자에게는 먹힐지 모르는 이 전략은 10여 년 전인 진출 당시에는 실패했다. 다양성을 추구하는 중국 소비자들의 만족감을 충족시키지 못한 나머지 방문객은 급속히 줄었고, 결국 아마존은 쇼핑몰을 닫을 수밖에 없었다.

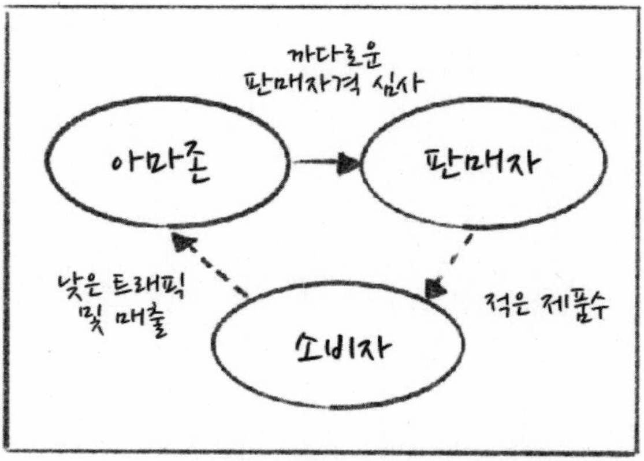

아마존의 악순환 가치사슬

더 많은 판매자를 락인하기 위해서 타오바오는 '판매자들을 위한 편의성'에 집중했다. 타오바오는 판매자들의 신원, 제품의 진품 여부, 제품의 하자 여부 등을 초기에는 시비 걸지 않았다. 오히려 컴퓨터를 사용할 줄 모르는 판매자들까지 끌어들이기 위한 다양한 위탁 서비스를 제공하는 데 열을 올렸다. 일례로 인터넷이 익숙하지 않은 농민과 어민들에게 쇼핑몰을 통한 직접 판매 관련 교육을 무료로 제공하기도 했다. 농수산물을 쇼핑몰에서 판매하기 위해서였다. 판매자 위주의 시장인 중국을 가장 잘 이해할 수 있는 사례이다.

잘 알려져 있다시피 알리바바 그룹의 미션은 "어디서나 쉽게 비즈니스할 수 있는 세상을 만드는 것(让天下没有难做的生意)"이다. '소비자가 왕'이 아닌, '모든 기업을 위한 서비스를 하겠다'는 것이다. 소비자가 아니고, 판매자를 의식한 이 미션은 그저 광고성 캐치프레이즈가 아니라는 것을 마윈의 행동과 말을 보면 금방 알 수 있다.

알리바바 그룹의 미션

마윈은 공공연하게 소상인들의 권리와 수익성을 옹호하는 발언들을 자주하고 있다. 짝퉁 제품을 판매하는 중국 판매자들을 두둔하면서, 그들의 짝퉁 상품들이 오히려 "유명 브랜드보다도 품질이 좋다"라는 말을 서슴치 않고 하고 다녔다.[17] 그리고 그의 관심사는 "소상인들의 성공을 지원"하는 것이라고 공공연하게 말한다. 물론 사람들은 기업 홍보의 일환인 기업의 사회적 책임(Corporate Social Responsibility)으로 해석해 버리기도 한다. 하지만 중국에서는 판매자가 생태계를 존립하게 만드는 가장 중요한 개체라는 것을 정확하게 인식한 통찰에서 비롯된 언급들이라고 믿는다.

다른 기업이 없는 한국 생태계

알리바바의 사례에서 볼 수 있듯이 중국에서는 다른 기업과의 생태계 구성이 매우 중요하다. 소비자 위주의 한국 시장에 길들여진 우리는 판매자 위주의 중국 시장을 제대로 알아야 한다. 이를 위해서 가장 먼저 해야 할 일은 가치사슬을 정확하게 파악하고 각 단계별 최적의 기업 파트너를 찾아 나서는 것이다. 너무나 당연한 얘기를 이렇게 장황하게 하는 이유는 바로 한국의 수많은 기업들이 중국에서 제일 못 하는 것 중에 하나이기 때문이다.

한국 기업이 중국에서 다른 기업과의 협력이 유독 어려운 이유는 뭘까?

무엇보다도 '왜 필요한지'를 모르는 것이 문제다. 대부분 한국 기업들은 한국에서 외부 기업과의 협력 없이도 얼마든지 잘해 왔는데 왜 굳이 맘에 안 드는 중국 기업의 도움을 받아야 하는가라는 생각을 하고 있다. 결국 또다시 한국 시장에서 외국 기업을 물리치고, 중국을 잘 안다고 착각하는 한국인들이 중국 사업을 책임지고

17 유명 럭셔리 브랜드들이 타오바오에 판매하는 제품들이 짝퉁이 많다면서, 짝퉁 검사를 제대로 하지 않는다는 비난에 발끈한 것이라고 해석하는 사람들도 있다.

있는 문제로 돌아간다.

한국에서는 소비자 니즈 파악부터 제품의 제조 판매까지 모든 것들을 하나의 회사에서 해내고 있다. 수직적 합병이 이루어진 대기업의 경우, 수많은 업무를 계열사들이 나눠 맡는 형태로 생태계가 구성되어 있다. 하지만 중국에서 과연 그 방식이 통할까? 중국을 잘 안다고, 그리고 외국계 기업들을 모두 무찔렀다고 잔뜩 어깨에 힘 들어간 사람들은 통한다고 믿는다.

당연히 중국 실상을 겪어보지 못한 한국 본사 임원들을 이해 시키는 것은 불가능에 가깝다. "다른 기업들이랑 나눠 먹을거면, 넌 도대체 뭐하러 중국에 주재원으로 나가 있냐?" 막상 이런 핀잔을 받으면, '이러다 한국으로 귀임해야 하나' 하는 공포에 사로잡힌다. 그러자 머릿속에 국제학교 다니면서 영어를 곧잘 하기 시작한 초등학생 딸아이와 이제 핸디를 줄여가는 재미가 붙은 골프가 눈앞에 아른거린다. 눈을 질끈 감고, 눌러 앉아서 모든 걸 직접 해야겠다고 결심한다.

결국 중국에 나와 있는 한국 기업은 왕따다. 마치 시골에서는 공부를 곧잘하는 부잣집 아들이었는데 서울에 올라와서 기죽고 혼자 놀고 있는 아이 같다. 시골에서는 부모님이 용돈도 두둑히 주고, 가사도우미 아주머니들이 간식거리도 싸주고, 친구들이 먼저 같이 놀자며 접근하곤 했다. 하지만 서울에서 만난 잘난 아이들 사이에서는 그럴 일이 없다. 더욱이 어떻게 친구를 만들지도 모른다.

그저 맨날 부모님에게 전화해서 속상한 마음을 하소연하는 외톨이다. 하지만 시골에 계신 부모님으로서는 이해를 하지 못한다. 시골에서 학원이나 과외수업 하나 받지 않고도 우등생이었던 아이가 왜 왕따가 되어서 성적이 떨어지는지 알 길이 없다.

그런데 시골에서 집이 좀 잘산다고, 그리고 공부 좀 했다고 잘난 체하는 이 아이가 서울 아이들은 우습기만 하다. 서울 아이들이 즐겨하는 게임도 할 줄 모르고, 영어도 못 하고, 심지어 사투리까지 쓴다. 그래서 왕따를 제대로 시키는 중이다.

이 아이에겐 어떻게 서울에 적응하고 성적도 올릴 수 있는지를 알려주는 친구와 선생님이 필요하다. 서울의 학급 문화에 적응하고, 선행학습에 익숙해져 있는 아이에게 과외 수업도 필요하다. 그렇지 않으면 다음 학기에는 끝내 적응하지 못하고 시골로 돌아가 버릴지도 모른다.

중국 기업과의 파트너십에 있어서, 한국 기업은 겸손해질 필요가 있다. 한국에서는 무슨 전자 하면, 누구나 엄지척하며 인정해 주고, 하청업체들이 알아서 머리를 조아렸고, 계열사 회사들이 생산, 유통, 광고, 애프터 서비스까지 깔끔하게 도와줬는데, 이젠 아무도 없다. 있어도 제 역할을 못 한다. 이런 현실을 직시해야 한다.

하지만 시골에서 부잣집 아들로 살던 습관들이 빨리 없어지지 않는다. "매출이 우리의 10%도 안 되는 회사랑 뭘 협력을 하라는 거야?"라고 짜증을 낸다. "내가 대기업 상무인데 자존심 상하게 왜 그런 중국 회사 영업사원을 만나야 해?" 거만스럽게 한마디 던진다. 하지만 결과는 비참하다. 판매는 줄고, 도움 청할 곳이 없다. 한국에서처럼 중국땅에서도 큰소리치면서 살고 싶은데, 그게 뜻대로 되지 않기 때문에 늘상 한국 사람들끼리 모여 소맥을 들이킨다.

한국 기업이 중국에서 다른 기업들과의 협력이 어려운 또 다른 문제는 파트너십에 대한 터무니없는 기대다. 파트너십을 체결하면, 중국 기업이 모든 것을 한국 기업에 맞출 것이라 생각한다. 중국 기업도 수익성을 최고의 목표로 하는 존재다. 단돈 1원이라도 더 가져가려고 노력할 것이다. 한국 기업과 다를 바가 없다. 중국 기업이 자신들의 뜻대로 하려고 고집부리며 (합법적인 수준에서) 권모술수를 부린다고 해서 욕할 필요까진 없다. 그것은 당신이 매우 순수하다는 것 이상의 의미는 없다.

한국 기업은 도원결의할 형제 기업을 사귀러 중국에 온 것이 아니다. 이익과 손해를 다 따져서 생태계에 도움이 될 수 있는 기업이면 어떻게 해서든 끌어오고, 돈을 벌면 된다. 좀 더 직설적으로 표현해 보겠다. 생태계에 필요한 기업은 수익을 올려주고 이를 지속가능하게 도와줄 기업이다. 한국 기업들이 이 기본적인 원칙을 간과한 채 협력 파트너를 찾고 있다. 그저 기술을 몰래 빼가지 않을, 사사건건 우리의 결정에 시비를 걸지 않을, 그리고 우리를 배신하고 다른 기업과 손을 잡지 않을 기업만을 찾다가, 정말 돈 벌어줄 기업을 놓치지 않길 바란다.

제5장 _ 창조론 4

환경 활용하기

햇빛을 통해 광합성을 가능하게 하고, 비를 통해 수분을 공급하는 환경의 역할은 누구인가. 일반적으로 정부와 공공기관이 비즈니스 생태계의 환경을 조성하는 주요 개체들이다. 규제와 지원 정책들이 정부에서 만들어지고 예산이 편성되면, 다양한 공기업 및 기관들이 이를 수행한다. 큰 범위 안에서는 공기업과 정부 투자 기관들도 모두 환경의 역할을 한다고 볼 수 있다.

한국 기업들이 중국에 진출할 때, 가장 많이 신경쓰는 부분이 바로 이 환경, 즉 중국 정부와의 관계다. 이 장에서는 우리가 적응해야 하는 환경으로써 정부와 공공기관을 살펴보겠다.[18]

18 나는 꽤 유니크하게도 한국인으로서 중국 정부 프로젝트를 꽤 많이 수행했다. 정부와 기업 간의 협력 형태를 단순화하기는 힘들지만, 이 책에서는 경험에서 얻은 기본적인 몇 가지 정보를 공유하려 한다.

환경으로서의 중국 정부

미국이나 유럽에 진출하는 경우보다 중국에 진출하는 경우 왜 정부 관계가 부담스러울까. 워낙 중국의 정치 및 경제, 특히 기업 관련 정책이 다른 나라에 비해 자주 큰 폭으로 변한다고 믿기 때문이다. 지난 30여 년의 기업 진출 역사를 돌이켜 보면, 그 걱정이 완전히 기우는 아님을 보여준다. 외국자본을 환영하다가 자국 기업 우호정책으로 돌아서고, 다양한 서비스 산업을 육성하는 듯하다가 신기술 사업에 올인하고 있다. 장기적인 투자 관점에서 이러한 예측 불가능한 면들이 가장 두려울 수 있다.

이데올로기의 차이 때문일 수도 있다. 자유시장 경제체제(라고 믿어 온) 시장에서의 성공이 자랑스러운 우리에게 중국은 사회주의 경제체제라는 것만으로도 부담스럽다. 사실 우리는 공산주의와 사회주의의 차이에 대해서도 무지하다. 공산당을 싫어한다고 외치던 이승복 어린이처럼 나의 사업이 무참히 짓밟히지 않을까 걱정이 된다.

또 한 가지는 한국에서의 환경은 늘 봄날처럼 따스했기 때문일지도 모른다. 개발과 발전 논리가 모든 것을 우선시하던 시기에 정부는 늘 기업에 우호적이었다. 그런 정부가 없었으면, 당신이 몸담고 있는 자랑스러운 대기업의 성공은 없었을지도 모른다. 수많은 외국 기업과 경쟁 중소기업의 시장 진출과 장악을 막아 주지 않았다면 말이다.

이유가 어찌 되었건 간에 우리 나라 기업인들은 중국 정부가 여간 부담스럽지 않다.

환경에 적응한다는 것은 결국 중국 정부의 정책에 우리 기업의 전략을 변화시키며 발전해 나가는 것이다. 우리가 세운 목표가 있다 하더라도 환경에 맞지 않는다면 과감하게 버리고 새로운 목표를 찾아야 한다. 한국에서 통신사업자로 허가를 받아서 사업을 했다하더라도 중국에서는 그 허가를 받는 것이 어려울지도 모른다. 그렇다면 과감하게 다른 사업을 통해서 그 환경에 적응해야 한다. 언제까지나 앉아서 허가가 안 나온다고 푸념을 늘어 놓는 것은 환경에 적응하지 않으려는 저항일 뿐이다. 결국 선택은 저항하다 멸종하거나, 적응하고 살아남거나 둘 중 하나다.

하지만 한국 기업들은 하던 것을 하는 데만 집중한다. 따라서 중국에서 소비자든 정부든 뭘 원하는지에는 관심이 없다. 고집스럽게 팔던 거 팔고 싶은, 방망이 깎던 노인 신세다.

적응하고 살아남는 가장 현명한 방법은 중국 정부와의 파트너십을 만드는 것이다. 파트너십을 만든다는 것은 중국 정부 관료들과 술자리를 자주해서 친분을 쌓고 꽌시를 만드는 일차원적인 수준은 아니다. 파트너란 지속적인 상호 이익이 전제가 되어야 한다. '내가 사업을 하고 싶은데, 허가해 달라'라는 식의 일방적인 고집보다는 정부가 원하는 것이 무엇인지를 먼저 파악하고 그것을 제공하는 식의 접근 방식이 필요하다.

기브 앤 테이크 (Give and Take)

파트너가 되기 위한 첫 단계로 중국 정부가 누구이고 뭘 원하는지를 알아보자. 다음 표는 기업 활동을 하면서 만나게 될지 모르는 중국 정부조직의 서열 관계다.

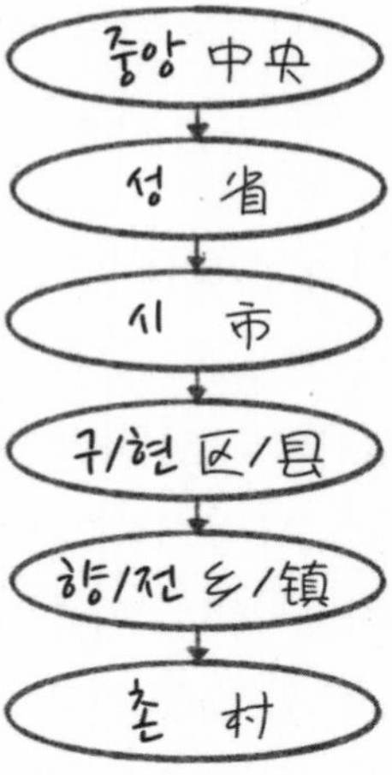

중국 정부의 조직 구조

각 정부에는 상무국(중앙정부의 경우 상무부)이 있다. 기업 관련 실제 업무들은 상무국 사람들이 맡아서 한다. 물론 기업 활동을 하면서 중앙정부나 그 산하의 상무부 관료를 만날 일은 거의 없다. 이들이 하는 업무의 대부분은 국가 간의 업무이므로, 단순 기업의 업무는 주로 성(省) 정부 이하에서 관리한다.

성 정부 이하의 업무들은 모두 그 투자의 종류와 규모에 따라 맡는 정부가 정해진다. 공장 하나라면 주로 시(市), 구(区)/현(县) 정부가 맡게 되겠지만, 주유소와 같은 특수 산업이나, 큰 규모의 사업은 성 정부가 직접 나서서 관리하는 경우가 있다.[19] 향(乡)/전(镇)이나 촌(村)

의 경우에는 규모의 이유로 상무국이 없는 경우가 대부분이다. 따라서 기업 활동에 영향을 줄 만한 관료는 없다고 봐도 무방하다.

자, 이제 조금 더 분명해졌다. 우리가 상대해야 할 사람들은 주로 성, 시, 구/현 정부의 상무국 사람들이다. 그들이 기업들에게 줄 수 있는 것은 무엇인가?

물론 얻어 낼 수 있는 가장 큰 혜택은 사업 허가다. 꽤 많은 사업들이 이 허가의 벽을 넘지 못하고 좌절한다. 사업을 할 수 있는 정부의 허가가 나오게 되면, 그 다음 기대할 수 있는 혜택은 세금 감면 또는 면제다. 지금은 많이 줄어들었지만, 아직도 많은 지방 정부들이 세금을 면제해 주거나 감면하는 조건을 제시하면서 기업을 유치한다. 그 다음 예상해 볼 수 있는 혜택은 토지다. 주로 공장부지나 건물을 지을 때의 토지를 말한다. 지방정부가 적극 지원을 하는 경우 상당히 좋은 위치의 토지를 얻어 낼 수 있을 뿐더러, 토지 사용료를 면제 또는 감면 받기도 한다. 그 외에도 외환거래 관련 혜택이나 장려금이 지원되기도 하는데, 점점 줄어드는 추세다.

인생은 기브 앤 테이크다. 그들이 줄 수 있는 것을 알아봤으니, 그들이 원하는 것을 알아보자.

관심사는 크게 두 가지로 나뉜다. 하나는 기업으로부터 그럴듯한 투자를 이끌어내느냐이고 다른 하나는 기업으로부터 안정적인 수입을 얻을 수 있는가이다. 당연한 얘기지만, 결국 명분과 실익이다.

19 중국 정부의 정책에 관련된 자세한 정보는 이 책의 주제와 무관할 뿐더러 자주 변경되기 때문에 굳이 이 책에서는 다루지 않겠다. 이런 내용이 필요한 분들은 상무국 웹사이트(www.mofcom.gov.cn)에서 확인할 것을 권한다.

다른 나라 정부들과 다를 바는 없다. 그나마 실업률이 걱정인 다른 나라에 비해 고용안정이라는 목표에 대한 집착은 덜하다. 안정적인 재정을 보장할 수 있다는 것은 세금이나 토지 사용료를 많이 그리고 열심히 낼 만한 기업을 찾는다는 것이므로 굳이 설명할 필요가 없다. 그렇다면 그럴듯한 투자는 무엇인가?

그럴듯한 투자는 중앙정부에 홍보하기 좋은 투자를 말한다. 주로 중앙정부의 5개년 계획과 일치하는 산업의 투자가 홍보하기 아주 좋은 편이다. 과거 우리나라와 마찬가지로 중국 중앙정부에서도 5년마다 경제 정책을 발표하는데, 여기에 집중 육성되는 국가 육성 산업들이 발표된다.[20] 중앙정부의 5개년 계획과 국가 육성 산업이 발표되면, 각 성마다 5개년 계획과 하위 중요 산업을 정하고, 다시 이를 참고해서 시 정부가 각 시의 계획을 짜게 된다. 계획이 세워지고 나면, 그 산업을 육성하기 위해서 지방정부는 산업 유치에 열을 올린다.[21]

환경 적응의 전략

결론이 나왔다. 중국 지방정부의 적극적인 지원을 받기 위해서는

20 이 글을 쓰고 있는 당시에는 2016년에 발표된 13차 5개년 계획이 진행되고 있었으며, '중국제조2025'나 '일대일로(一帶一路)' 등의 주제 하에 다양한 과학기술 산업(반도체, 빅데이터 등)들이 국정과제로 선정되어 있었다.

21 지방 정부들이 이런 산업을 유치하기 위한 전략 중 하나가 바로 관련 산업단지를 만드는 것이다. 하지만 산업단지도 그 규모와 혜택이 천차만별이다. 정말 실질적인 혜택이 있는 곳이 있는 반면, 이름만 '한국xx산업단지'라고 붙여 놓았지 한국 기업은 전혀 없는 단지들도 있다. 꼭 여러 산업단지를 방문해서 득과 실을 비교하고, 현지의 한국 및 외국 기업들은 물론 중국 기업들과도 만나 볼 것을 추천한다.

대규모의 투자를 해서 세금과 사용료로 지방 정부의 재정을 지원하거나, 그럴듯한 투자를 해주는 것이 유리하다. 대규모 투자에는 한계가 있으므로 적당히 그럴듯한 투자를 노린다고 가정해 보자. 가장 좋은 방법은 단연 중국 정부가 관심이 많은 집중 육성 산업군에 편입되는 것이다.

하지만 안타깝게도 대부분의 육성 산업들은 고부가가치의 과학기술을 이용한 제조 산업이 대부분이다. 중국의 경제 구조를 혁신하고자 하는 의지는 분명하게 느낄 수 있는데, 문제는 중국에서 펼치고 있는 우리 기업들의 사업이 얼마나 이 혁신적인 고부가가치 산업군에 포함될 수 있는지이다. 하지만 당신의 사업이 음식점 체인이라서 육성 산업과는 상관없다고 좌절할 필요는 없다. 명분이라는 것은 포장하기 나름이기 때문이다.

음식 배달을 모바일 앱으로 주문을 한다면 요식업도 인터넷 기업의 면모를 갖출 수 있다. 고객들의 정보를 한곳에 모아서 분석해, 주문이 많은 고객들에게 김치 반찬을 서비스로 제공하는 빅데이터 기술을 살짝 덧입혀도 된다. 콩으로 만든 고기를 넣은 떡갈비를 메뉴에 넣고, 바이오 기업 흉내를 내는 것도 방법이 될 수 있다. 이 모든 기술이 당장은 없다고 포기할 필요는 없다. 이 기술을 가지고 있는 중국 기업을 당신의 생태계로 끌어들이면 된다.

환경에 적응하기 위해서는 당신이 더 살아남기 유리한 곳을 찾아가는 것도 방법이다. 모든 도시 정부들이 같은 조건을 제시하더라도 당신의 생태계에 더 맞는 곳이 있기 마련이다. 물류 사업을 하는 기업에게는 도로 등의 인프라가 갖춰져야 하고, 거래처들로부터의 근접성은 물론 대규모 창고를 보유한, 또는 창고 건설을 허가할 만한 도시를 찾아야 한다. 콜센터나 소프트웨어 개발사업을 하려는 기업들에게는 저렴하고 젊은 기술 인력을 공급받을 수 있는 도시가 필요하다. 도시마다 다른 생태계가 있으므로 우리 기업과의 궁합을 봐야 하는 것은 물론이다.

하지만 많은 한국 기업들이 무턱대고 베이징과 상하이만을 찾는다. 그 이유를 묻는 질문의 대답들은 석연치 않은 경우가 많다. '한 나라의 수도에서 사업해야 큰 그림을 그릴 수 있다' 또는 '인재들이 모두 베이징과 상하이에만 있다'라는 황당한 대답들도 있다. 정부의 지원이 상대적으로 적고, 인건비와 운영 비용이 비싼 베이징과 상하이를 선택할 때는 분명한 이유가 있어야 한다. 결국 우린 '투자 빼기 비용'이라는 간단한 산수를 통해 성공 여부를 판단하기 때문이다.

많은 사람들이 작은 도시 정부가 뭘 해줄 수 있는가라고 반문하곤 한다. 물론 지방정부 사람들하고 많은 대화를 해보지 않은 사람들이 대부분이다. 이들은 작은 도시 따위의 정부가 도와줄 수 없다고 단언하며, 기본적인 조사조차 하지 않는다. 안타깝지만 오랜 한국에서의 업무 경험이 발목을 잡는 경우다. 잘 생각해 보자. 중국에는 서울보다 훨씬 더 많은 인구의 도시들이 수십 개나 있다. 당신이 말하는 작은 정부는 무엇을 기준으로 작다고 판단한 것인가?

또 다른 환경—한국 정부 및 산하기관

우리에게는 또 다른 환경이 있다. 한국 정부와 그 산하 기관들이다. 중국 정부만큼이나 생태계의 운명을 결정짓지는 않지만, 잘 활용하면 생태계의 운영에 도움을 얻을 수 있을지도 모른다. 하지만 지금까지는 기대 이하다.

그동안 VIP들이 '한류'라는 이름으로 아이돌 그룹을 대동한 채 세계 유람을 다니면서 벌이는 인절미나 삼계탕 식사 퍼포먼스를 지겹도록 봐 왔다. 마치 아이돌이 한국 기업의 수출품인 양 떠들어대는 것에 우린 피식 웃지 않을 수 없다. 케이팝이 경제에 미치는 파급효과를 수많은 비논리적인 억측과 무리한 가정으로 몇 천억 단위로 부풀려 놓는 것은 이제 그만하기 바란다. 우리는 그런 허황된 숫자를 보며 뿌듯해하는 애국시민이기에 앞서 중국에서 당장 돈을 벌어야 하는 비즈니스맨이기 때문이다.

안타깝지만 중국에 나와 있는 다양한 수출, 무역, 중소기업 관련 기관들도 별반 다를 것이 없다. 아무래도 비즈니스 마인드를 기업인들만큼 갖추기는 힘들겠지만, 세금으로 운영되는 그 기관들로부터 기업들이 얻어가는 것이 없다는 것은 국민의 한 사람으로서 속상한 일이다.

이들 기관들의 중국 사무실에는 자칭 중국통들뿐이다. 중국 진출 기업 상담을 한답시고 앉아서 산동성 도시들의 GDP가 어쩌니, 내륙 도시의 성장 속도가 어쩌니 몇몇 거시 경제 숫자를 떠들어 대면서 해보지도 않은 사업을 조언하고 있다. 수많은 한국 기업들이 지푸라기라도 잡는 심정으로 의지하는 곳이므로 조금 더 책임 있는 지원을 해주기를 바란다.

몇 년 전 이 중 한 기관에서 한국 상품 판로 개척을 위한 중국 쇼핑몰을 오픈한 적이 있다. 당시에 직구니 한류 상품이니 해서 중국 사람들이 한국 제품을 사려고 몰려든다는 기사들이 하루가 멀다하고 나올 즈음이었다. 한국 중소기업들의 제품을 이 쇼핑몰을 통해서 판매해 준다는 멋진 생각이었지만 별 효과는 없었다. 방문객 트래픽을 만들어내는 전략은 없고, 그저 열심히 물건들만 웹사이트에 진열해 놓았다. 결국 방문객도 없었고 판매도 없었다. 알리바바와 징동(jd.com) 같은 세계 최고 인터넷 쇼핑몰에서 매일 쇼핑하는 중국 사람들을 끌어오기 위해서는 철저한 전략이 있어야 했는데 찾아볼 수 없었다. 기본적인 쇼핑몰 운영 모델을 이해하고있지 못한 것이 분명했다.

한국 기업들의 협력을 도모한다는 비영리 단체 또는 모임들에 대해서는 굳이 언급할 필요가 없을 듯하다. 어느 지역의 성장(省长)하고 사진 찍고, 어디 시장(市长)하고 밥 먹었는지에만 관심 있는 사람들에게서 기업들은 얻을 것이 없다.

제6장 _ 창조론 5

락인(Lock In) 만들기

앞서 말했듯, 한국 대기업의 생태계는 기본적으로 독과점으로 완성되어 있는 형태다. 하청업체들이 횡포라는 표현을 쓰고 욕을 하면서도 대기업의 갑질을 참는 이유는 좁디좁은 한국 시장 안에서 도망갈 만한 다른 생태계가 존재하지 않기 때문이다. 결국 대기업이 어제까지 납품하던 가격을 절반으로 후려쳐도 힘없는 중소기업은 꾹 참는다. 수익성보다는 생태계 안의 보장된 안정성을 선택하는 것이다. 한국 시장은 그만큼 작고 이미 수많은 기업들로 포화되어 있다.

아이러니하게도 불편한 이 현실이 바로 우리가 생태계에 만들어야 하는 락인이다. 우리 대기업들은 한국 시장에서 락인을 완벽하게 만들었다. 앞서 얘기했듯이 락인은 생태계 안의 개체들이 쉽게 떠나지 못하게 하는 억지력이며, 생태계 창조의 마지막 화룡정점을 찍는 단계다.

안타깝게도 한국 대기업의 락인인 독과점을 중국에서 구현해 내기는 어려워 보인다. 중국 개방 직후라면 몰라도 이제 대부분의 산업은 이미 성숙기에 접어들고 있기 때문이다. 이 성숙한 시장에서 독과점을 노려보기에는 우리 기업들의 자금력도 문제이지만, 무엇보다 중국 정부와 기업들이 이를 그대로 보고만 있지는 않을 것이기 때문이다. 한국에서와는 다른 형태로 락인을 구축해야 한다.

중국 소비자를 철저하게 락인시킨 스타벅스를 연구해 보자. 그동안 스타벅스의 성공사례 연구는 너무나 많았다. 대부분 감성 마케팅이니, 차별화된 커피맛이라느니, 친근한 직원들의 서비스라는 등 다양하고 두리뭉실한 분석을 내놓는다. 하지만 감성 따위의 간지러운 얘기들로 설명하기에는 스타벅스의 락인은 너무나 강력하다.[22]

결론부터 얘기하자면, 중국의 스타벅스 락인은 철저히 협력 기업들과의 파트너십으로 만들어졌다. 그 파트너십은 ① 스타벅스와 ② 지역가맹기업, 그리고 ③ 부동산 개발상들 간에 이루어졌다.

중국 시장과 소비자를 몰랐던 진출 초기에 스타벅스는 중국을 크게 화북(华北), 화남(华南), 화동(华东)으로 나누고 화교기업 세 곳과

22 락인 요소로서 스타벅스의 멤버십 프로그램을 얘기하는 사람들도 있다. 구매를 하면 할수록 멤버십 등급이 높아지고, 그에 따라 할인이 커지거나 무료 음료를 받는 빈도수가 늘어나는 리워드(reward) 프로그램은 스타벅스가 시작할 당시에 중국에서는 상당히 새로운 개념이었다. 많은 소비자들이 이 멤버십을 높이기 위해서 스타벅스를 자주 찾았고, 무료 음료를 받기 위해서 더 자주 방문했다. 하지만 이것은 경쟁사들이 얼마든지 흉내낼 수 있는 것이었고, 이미 모든 경쟁사들이 멤버십 카드를 통해 소비자들을 유인하고 있다. 하지만 스타벅스의 락인을 베끼지는 못했다. 결국 이것도 락인의 결정적인 성공 요인이라 보기는 힘들다.

각각 지역가맹을 위한 가맹합작기업을 세웠다.[23] 지역가맹 개념은 몇 개의 성(省)을 묶은 지역의 영업판매를 하나의 가맹기업에게 위탁하는 것이다. 이 가맹기업은 지역 내에서 점포를 오픈하고 사람을 고용하고 운영하는 일을 맡게 된다.[24] 스타벅스는 브랜드와 품질을 관리하고 기술을 전수하지만, 정작 가장 어려운 점포 개발 및 판매의 업무는 가맹기업들이 해야 한다.

이를 위해 지역 가맹사들은 각 지역의 큰 부동산 개발상들과의 파트너십을 맺었다. 이 큰 부동산 개발상들은 주로 지역의 쇼핑몰들을 오픈하게 되는데, 어김없이 쇼핑몰 정문 오른쪽에 스타벅스를 입점시켰다.

중국 도시의 상권은 쇼핑몰 중심이다. 모든 도심의 핵심 상권에는 대형 쇼핑몰들이 들어서 있다. 그리고 각 쇼핑몰에는 지하 1층부터 지상 5층까지 수많은 브랜드들이 자리잡고 있으며, 그 지역 소비자들이 하루에도 몇 번씩 방문하는 장소다. 물론 쇼핑몰은 중고가 브랜드들이 입점해 있기 때문에 어느 정도 구매력이 있는 소비자들이 방문하는 곳이다. 정리하면 중국 쇼핑몰은 돈 있는 소비자들이 자주 방문하고 브랜드 제품을 소비하는 공간이다.

이런 쇼핑몰과 스타벅스의 파트너십은 윈윈(win-win) 관계이다.

23 초기의 가맹 합작법인(master franchise joint venture)들은 95% 중국측 지분, 5%의 스타벅스 지분으로 시작했다. 하지만 현재 스타벅스는 모든 합작법인의 남은 지분을 모두 사들이고 중국 전역을 직접 운영하고 있다.

24 중국에 비해 시장 크기가 작은 우리나라에서는 개인가맹이 많기 때문에 지역가맹은 찾아보기 힘들지만, 중국에서는 종종 중국을 몇 개의 지역으로 나눈 지역가맹이나 성(省)가맹을 하는 경우가 많다.

쇼핑몰 입장에서는 글로벌 브랜드를 빌려서 쇼핑몰의 브랜드를 강화하는 효과가 있다. 정문 일층에 초록색 스타벅스 로고가 보이면, 왠지 쇼핑몰은 글로벌 브랜드를 가득 채운 수준 높은 쇼핑몰처럼 느껴진다. 그렇기 때문에 쇼핑몰이 설계되는 순간 이미 개발상들은 스타벅스를 입점시키려 노력한다.

스타벅스로서도 성공 전략이다. 구매력 있는 소비자들의 길목을 막아서는 효과가 있다. 다른 경쟁 브랜드로 소비자들이 이탈하지 못하게 하는 억지력이다. 굳이 스타벅스를 피해서 다른 곳으로 가야 한다면, 쇼핑몰을 나와서 더운 햇볕이나 찬바람을 맞으며 이동하는 수고를 들여야 한다. 커피맛에 민감한 미식가라면 얼마든지 그럴 수 있다고 우기겠지만, 대부분의 중국인들은 그렇지 않다. 조금 과장해서 얘기하자면, 중국인들이 스타벅스를 마시고 싶어서 찾

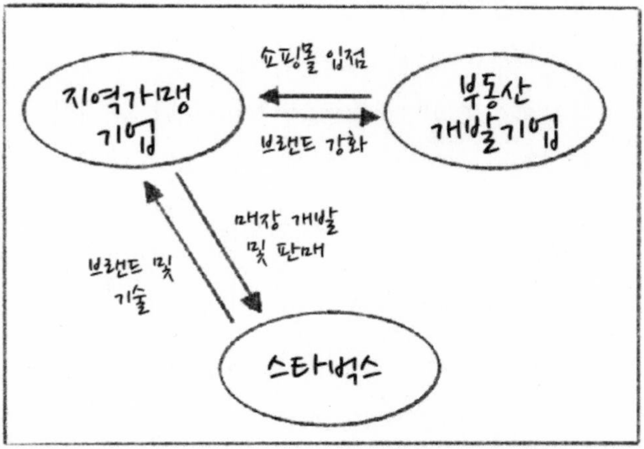

스타벅스 생태계의 협력 가치사슬

는 게 아니다. 그 길목을 스타벅스가 떡 하니 버티고 있으니, 어쩔 수 없이 가는 것이다. 확실한 락인이다.

결국 그 이외의 마케팅과 브랜드 관리의 감성 전략 따위들은 강력한 락인에 감정적으로 반발하지 못하게 하는 신경안정제에 불과하다.

락인 만들기

그렇다면 중국 비즈니스에서 어떻게 락인을 만들 것인가? 지금도 당신의 머릿속에 꽌시(关系)라는 생각이 떠오른다면, 당신은 여전히 중국 비즈니스가 변화하고 있음을 감지하고 있지 못한다는 증거다. 아직도 중국 바이어들과의 술자리 횟수를 자랑하고 중국의 공무원들과 찍은 사진들로 자신의 비즈니스의 생태계는 견고하다고 믿는 사람들은 없을 것이다.

한류 브랜드가 중국 소비자를 락인할 수 있다는 주장은 듣고 흘려버려도 된다. 케이팝(K-pop) 아이돌이나 드라마 몇 편이 인기 있다고 해서 전체 한국 제품이 잘 팔릴 것이라고 생각한다면 마케팅 공부를 더 해야 할 것이다. 브랜드라는 것은 강력한 락인을 줄 수 있지만, 한류는 정체성이 절대적으로 부족한 브랜드다. 그렇기 때문에 락인 요인으로 믿고 있기에는 리스크가 큰 것은 당연하다. 한국인과 상품의 이미지가 좋아졌다고 해도, 또 다른 브랜드가 나타나면 쉽게 잊혀진다.[25]

25 물론 부정적인 브랜드 이미지라도 생겨나는 날에는 강력한 타격을 입힐 수 있다. 몇 년 전 사드(Thaad) 영향으로 한국 기업 불매운동이 벌어지는 따위의 일들은 중국에서는 아주 흔하다.

락인은 기본적으로 생태계를 떠나면 손해를 입히는 매커니즘이다. 하이에나가 사바나의 초원을 벗어나 북극의 툰드라로 간다면, 추위와 익숙하지 않은 먹이사슬에 고통을 받을 수밖에 없다. 배신의 결과가 고통스러워야 락인이라 할 수 있다.

어떤 억지력이 생태계를 떠나면 살아남기 힘들다는 공포를 심어줄 수 있을까. 비즈니스에 정확한 답은 없지만 몇 가지 예를 보면서 방향을 찾아보자.

첫 번째는 '규모'다. 규모의 경제가 완성이 되는 순간, 기업들은 스스로 생태계 안으로 걸어들어와서는 나가지 않는다. 수많은 소비자가 매일 방문해서 인터넷 쇼핑을 하는 알리바바의 타오바오는 물건을 판매하려는 기업들이 절대 떠나지 못하는 생태계다. 중국 전역에 퍼져 있는 수천 개의 KFC 매장에 납품하기 위해서 식재료 기업들은 줄 서 있다.

그런 측면에서 텐센트(腾讯)가 만든 위챗(微信) 플랫폼은 어마어마한 규모를 기업들에게 제공하고 있다. 초기의 메신저나 일상을 공유하는 소셜 네트워크(social network)에서 벗어나서, 물건을 구매할 때 지불을 하고, 또 남은 돈을 펀드에 넣고 재테크를 하거나 음악을 듣고 동영상을 공유하는 등 그 활용의 범위가 어마어마하게 넓어지고 있다. 이제는 우리나라 사람들도 꽤 많이 사용하는 플랫폼이 되었다. 전세계 10억 명으로 추청되는 엄청난 사용자 수의 생태계는 그 누구나 참여하고 싶은 매력적인 곳이며, 동시에 이 생태계를 벗어나면 절대 이만큼의 수익과 판매를 보장하기 힘들 것이라는 공포를 주는 시장이다.

물론 규모를 만들어내는 방법은 어렵다. 경쟁에서 승리해서 시장을 장악해 나가는 것을 우리 기업들이 몰라서 안 하는 것은 아닐 것이다. 결국 상대적으로 쉬운 방법이 선점자 우위(first mover advantage)이다. 시장의 형성기에 한 기업이 빠르게 시장을 선점하는 경우, 초반에 독점적인 지위를 누릴 수 있다. 이때 수많은 기업들은 이 성공한 기업이 구축한 생태계로 들어오려고 안간힘을 쓴다. 하지만 이 선점자 우위의 전략을 사용하기 위해서는 무엇보다 형성기의 시장을 찾아내야 하며, 동시에 시장을 선점할 수 있는 역량이 있어야 한다.

지난 몇 년 간의 선점자 우위를 활용해서 생태계를 구축한 회사들을 떠올려보면, 대부분 온라인과 인터넷 기술을 결합한 비즈니스 모델을 가지고 있었다. 중국에서 도인(抖音)이라고 불리는 틱톡(tictok)은 짧은 동영상을 올리고 볼 수 있는 앱으로 10대들의 열광적인 사랑을 받고 있다. 온라인에서조차도 읽는 것을 싫어하거나, 길고 지루한 동영상을 보는 것을 싫어하는 Z세대를 노린 것이다. 이 글을 쓰고 있는 2020년에 인기 있는 B짠(站)이라 불리는 빌리빌리(Bilibili)도 마찬가지다. 10대들의 에니메이션 또는 게임의 공간이다. 그동안 언니 오빠들 놀이터에서 놀던 10대들에게 마음껏 뛰어노는 놀이터를 만들어준 선점자 우위 전략의 성공 케이스다.

하지만 꼭 인터넷 회사가 아닌 경우도 있다. 자전거 공유 서비스인 모바이크(mobike)도 선점자 우위로 시장을 장악했다. 입소문이 나기도 전에 앱으로 사용 가능한 자전거들을 도시 곳곳에 뿌려놓았다. 늦게 시장에 참여하는 후발 주자들에게는 이미 소비자들의 스마트폰에 깔려 있는 모바이크 앱과 소비자들이 모바이크에 미리 지불한 예약금은 넘기 힘든 진입 장벽이었다.[26]

중국 4, 5선 도시에 적극적으로 오프라인 매장을 오픈해서 스마트폰을 판매하는 오포(Oppo)와 비보(Vivo)도 좋은 케이스다.[27] 애플과 화웨이가 1, 2선에서 프리미엄 모델을 판매하는 데 집중하는 사이에, 이들은 황무지 같았던 변두리 시장을 선점했다. 중국 기업이지만 아프리카의 시장점유율 1위인 트랜션(transsion)도 비슷한 맥락이다. 중국 선전의 한 신생 스마트폰 회사가 아프리카의 최저가 시장을 선점한 케이스다. 결국은 기존의 비즈니스를 재구성해서 아무도 시도하지 않았던 모바일과의 연동을 시도하거나, 새로운 지역을 공략하거나, 전혀 존재하지 않았던 시장 세그먼트(segment)를 만들어내는 것도 선점자 우위 전략의 좋은 예라 할 수 있다.

두 번째 락인의 방법은 자본투자다. 강력한 파트너십을 만들기 위해 자본을 투자하는 것이다. 워렌 버핏이 이야기한 '너의 살점을 걸어라(put your skin in the game)'와도 같은 맥락이다.[28] 돈이 들어가면, 권한과 의무가 동시에 증가한다.

26 (우리나라에도 도전했던) 모바이크는 시장은 선점했지만 수익성의 문제로 인해 성공이라고만 보기에는 어려울 듯하다.

27 오포(OPPO)와 비보(VIVO)는 몇 년 전 스마트폰 시장에 혜성처럼 등장해서 중국 스마트폰 시장의 판세를 바꿔놓은 브랜드들이다. 늘 항상 두 개의 브랜드가 함께 거론되는 이유는 부부가오(步步高)라는 하나의 기업을 모기업으로 두고 있기 때문이다. 이 기업은 MP3 플레이어를 생산하던 기업에서 모바일 기기 회사로 변신해서 다양한 브랜드들을 거느리며 중국 출하량 상위권 1~3위를 늘 기록하고 있다. 아마도 한국에서는 판매되지 않기 때문에 이름이 생소하겠지만, 실제로는 중국, 유럽, 동남아시아, 인도, 아프리카에서는 모르는 사람이 없다.

28 세익스피어의 희곡 〈베니스의 상인〉에서 나온 말을 인용한 것이다.

같은 맥락으로 파트너와의 지분교환도 생각해 볼 수 있다. 생태계 내의 파트너들과 지분을 교환함으로써 한가족으로 만들어 버리는 것이다. 역사 속 조공국의 공주를 왕비로 맞이하는 정략결혼과도 같은 것이다. 조공국의 왕이 장인어른이 되고, 속국의 왕이 사위가 되는 이 관계는 절대 조공국 공주이자 속국 왕비가 죽기 전에는 사라지지 않는 강력한 락인이 된다. 결국 중국 기업들의 의사결정을 우리 생태계에 유리하게 하는 전략이다.

앞서 언급한 오포와 비보는 스마트폰을 생산판매하는 다른 경쟁사들과는 다른 점이 꽤 있다. 그 중에 하나는 완벽한 파트너십으로 운영되는 비즈니스 모델이다. 특히 판매 지역 프랜차이즈는 다른 모바일 폰 브랜드들에게서는 보기 힘든 모델이다. 30여 개의 프랜차이즈 기업들은 스스로 전략을 수립하고 각기 맡은 지역에서 매장을 오픈하고 판매한다. 오포나 비보는 가이드만 할 뿐, 이들의 전략 수립, 예산 집행, 성과 관리의 전 과정에서 제외되어 있다.

다른 경쟁사들도 주요 업무를 다른 기업들과 협업 위탁하는 경우는 꽤 있다. 샤오미, 애플이나 화웨이 등의 기업들은 생산을 OEM 주문자 생산방식 형태로 협력 기업에 위탁한다.[29] 하지만 실제 판매까지 협력 기업이 도맡는 경우는 극히 드물다.

물론 어떤 운영 모델이 낫다고 판단하는 것은 어렵다. 실제 운영에 있어 장단점이 있기 때문이다. 외부 리스크 관리는 파트너십 모델이 유리하다. 각 밸류체인 단계에서의 위험 요소를 각 단계의 전

29 우리나라 기업의 경우는 이마저도 드물다. 생산도 직접 하는 것을 선호한다.

문 기업들이 가장 잘 파악할 수 있다. 작은 도시의 리테일 매장을 방문하는 소비자의 요구사항은 지역 판매 협력사가 가장 잘 이해한다. 밸류체인의 각 단계 모두를 한 회사가 장악하는 경우, 수익성을 향상시킬 수 있는 기회가 높다. 브랜드 관리도 유리하다. 협력사들에게 판매를 모두 일임하는 경우, 최종 소비자 '경험'을 콘트롤할 수 없기 때문이다.

협력사들이 판매를 맡아서 하다 보면 발생되는 문제 중에 가장 큰 것은 가격 통제다. 욕심을 부리는 몇몇 협력사가 가격을 맘대로 바꾸는 경우는 골치가 많이 아파진다. 지역마다 가격이 달라지기 때문이다. 특히 온라인은 전국을 대상으로 판매하는 경우, 가격 질서가 무너지면 브랜드의 신뢰도는 전국적으로 추락할 수밖에 없다.

오포는 이를 해결하기 위해서, 이들 협력사들과 지분을 섞고 있다. 협력사들은 오포의 주주이며, 오포도 협력사들의 주주인 구조이다. 서로의 살을 나눠 가진 이 관계의 락인은 굳이 설명 안 해도 될 것이다. 마치 하나의 기업처럼 모든 문제를 함께 고민한다. 몇몇 협력사들의 CEO를 만나 본 결과, 모두 오포의 CEO의 마인드를 가지고 있다는 것을 알 수 있었다. 장기적인 관점에서 이 생태계를 계획하고 상의한다.

오포는 해외 진출도 협력사들을 통해 하고 있다. 중국에서 검증된 30여 개의 지역판매 협력사들을 통해서, 오포는 인도로 아프리카로 동남아시아로 진출하고 있다. 비록 협력사들이 해외 경험은 부족하지만, 각 나라의 또 다른 협력사들을 찾아서 그 생태계를 넓혀가고 있다. 물론 그 락인은 해외에서도 여전히 건재하다.

요점 정리

숨이 가쁘다. 책의 절반을 달려온 지금, 중간 정리를 해보자.

- 한국 기업들 중에서 중국에서 성공하지 못한 이유는 중국을 잘 안다고 착각하고 외국 기업을 물리쳤다고 자만한 나머지 한국에서의 성공 공식을 중국 사업에도 무리하게 고집했기 때문이다.
- 이제부터라도 혼자 고군분투하다 멸종될 것이 아니라, 중국 기업들이 포함된 생태계를 창조해야 한다. 생태계는 개체들이 먹이사슬로 연결이 되어 서로에게 가치를 주고 받는 관계가 되어야 한다. 하지만 지속성장 가능한 생태계는 모든 개체들이 힘의 균형을 이루고 서로에게 락인되어야 완성된다.
- 우리가 생태계에 어떤 역할을 할 것인가를 정의하는 것이 생태계 창조의 첫 단계이다. 한국에서처럼 모든 것을 혼자 하려는 생각은 일단 버려야 한다. 생태계가 번영하는 데 결정적인 공헌을 할 수 있는 대체불가능한 역할을 맡아야 한다.
- 두 번째 단계에서는 최종 소비자를 찾아야 한다. 소비자는 생태계의 근간이 되는 개체다. 강력하게 락인이 되어 있지 않으면, 생태계는 완성될 수 없다. 그 성공의 예가 샤오미다. 기존의 스마트 폰 제조사들이 통신사 또는 유통사들 영업에 열을 올린 반면, 샤오미는 최종 소비자에 주목했다. 우선 소비자의 경험에 주목했고, 분석의 결과를 제품 디자인은 물론 생산 및 유통 혁신에 반영했다.

- 우리 기업의 약한 부분들을 지원해 줄 중국 기업들을 생태계로 끌어들이는 것이 세 번째 단계다. 예를 들어, 한국 기업인 우리가 중국 소비자들을 진출 초기부터 락인시키는 것은 어렵다. 그렇기 때문에 소비자들을 보유하거나 이해하고 있는 중국 기업들과의 협력이 매우 중요하다. 그 예로 알리바바의 전략과 그 성공을 얘기했다. 초기 진출 시, 아마존이 판매자를 통제하고 판매 상품을 관리하려 한 것에 비해, 알리바바의 타오바오는 판매자의 자율을 보장했다. 힘을 얻은 중국 판매상들은 알리바바와 함께 그 생태계를 키워 나갔다.
- 네 번째 단계로 중국 정부의 존재를 고려해야 한다. 중국 정부의 영향력을 우습게 보는 기업은 없다. 중국 정부의 정책 변화를 늘 예의주시하는 것뿐만 아니라 더 나아가 정부를 파트너로 만들어야 한다. 물론 파트너십은 서로 주고 받을 것이 무엇임을 파악하는 것이 중요하다. 내가 한국 기업이라는 것만으로 특혜 받던 시절은 이미 지난 지 오래다.
- 창조의 마지막 단계로 모든 개체가 락인되어야 한다. 서로가 락인되지 않는 생태계는 외부에 영향을 받아 금방 오염되고 멸종될 수 있다. 외국계 기업으로 이를 성공시킨 스타벅스는 부동산 개발회사, 가맹회사, 소비자는 물론 중국 정부와도 다양한 협력관계를 통해 락인되었다. 중국 기업인 오포, 비보는 상호 출자 관계가 기본이 된 파트너십으로 지역 가맹기업들을 락인시켰다.

생태계를 창조했다고 끝은 아니다. 이제 이를 진화시켜 나가는 방법을 고민해 보자.

제2부

생태계 진화

제7장 속도 변수 ● 제8장 크기 변수 ● 제9장 문화 변수

살아 움직이는 생태계는 처음 창조되었을 때의 모습으로만 머무르지는 않는다. 개체들은 다양한 변수를 만나고 이에 대응하는 과정을 거치기 때문이다. 그 과정에서 어려움을 극복하면서 강해지는 개체가 있고, 그렇지 못하는 경우도 있다. 결국 개체들이 죽고 살아남는 과정에서 생태계는 진화하거나 퇴화된다. 진화를 하는 생태계는 개체들 간의 락인이 더욱 공고히 강화되면서 각 개체들은 번영을 거듭한다. 진화에 실패하면, 퇴화되고 사라진다.

비즈니스 생태계도 마찬가지이다. 생태계가 창조된 뒤에도 끊임없는 변수들이 그 존립을 위협한다. 정책이 변화하거나, 새로운 경쟁자가 시장에 진입하기도 한다. 이를 성공적으로 극복하면서 개체들이 늘어나고 결속력이 강해지기도 하지만 수익성이 떨어져서 사업이 어려워지기도 한다. 결국 다양한 변수들에 맞서 대응하면서 진화를 해야 살아남을 수 있다.

중국에서 한국 기업 생태계가 반드시 부딪히게 되는 몇 가지 변수가 있다. 이 변수들은 상당히 이질적인 것이라서 한국에서는 겪어보지 못한 것이다. 그래서 위협적이고 때로는 치명적이다. 2019년 말에 우리의 삶을 통째로 바꿔놓은 코로나 바이러스가 치명적인 이유도 바로 우리의 몸에 그 항체가 없었기 때문이다. 이전에 경험해보지 못한 바이러스는 백신을 맞기 전까지는 전 인류를 공포로 몰아 넣을 수밖에 없다. 한국 기업이 중국 생태계에서 만나는 변수들이 치명적인 것도 같은 논리다.

지금부터 시작되는 2부에서는 생태계의 존재를 위협하는 그 변수들에 어떻게 대응하고 진화할 것인가 알아보고자 한다.

제7장

속도 변수

첫 번째 변수는 '예측불가능한 시간'이다. 중국의 비즈니스 시간은 우리에게 익숙한 한국 비즈니스 시간과는 다르다. 중국에서 비즈니스를 하다보면, 우리가 한국에서 정확하게 맞춰놓은 시계가 무용지물이 되는 순간이 온다.

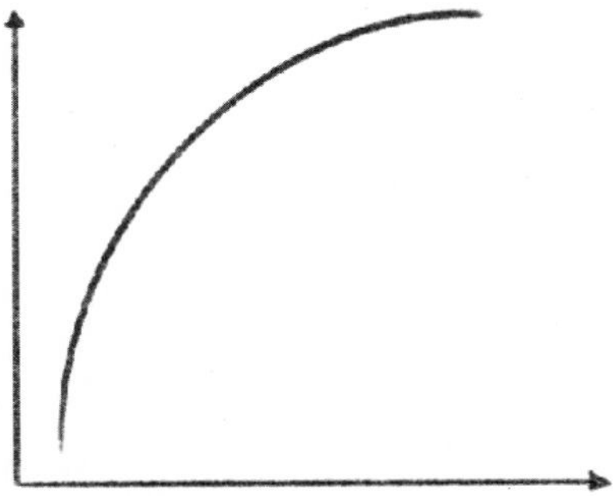

한국의 시간

한국에서 살아온 우리는 서서히 그 성장이 완화되는 전형적인 비선형 그래프에 익숙해 있다. GDP도, 주식시장도, 부동산 시장도, 출산율도, 그리고 우리의 월급도 그렇다. 모두 점진적으로 성장 속도가 줄어들었다. 적어도 지금 경제활동을 하고 있는 20대부터 50대 사이의 직장인들은 이런 그래프를 신문의 경제 기사에서도, 회사의 성장 그래프에서도 끊임없이 봐 왔을 것이다.

중국의 시간도 비선형 곡선이다. 하지만 중국의 그래프는 조금 다르다. 급격히 성장하거나, 급격히 하락한다. 변곡점 이후의 변화각이 우리의 그것보다 크다. 중국의 부동산 시장, 도시 인구 유입량, 온라인 결제, 모바일 게임 사용자 등을 생각해 보자. 임계점에 다다르는 순간, 성장이 폭발하는 양상이다.

중국의 시간 1

반대의 경우도 그 낙차폭은 상상을 초월한다. 오래전 농민들까지

은행 대출을 받아서 투자하게 만든 주식시장의 거품도, 명동에 밀려들던 중국 쇼핑객들도 한순간에 사라졌다. 영원할 것 같은 모든 규모가 순식간에 사라진다. 이러한 과장된 비상과 추락이 반복되기 때문에 완만한 성장 속도에 익숙한 우리 기업인들은 당황하지 않을 수 없다. 한국을 찾는 중국인 관광객 수가 폭발적으로 성장하는 것을 보고 관광산업에 투자를 했다가 어느 순간 급격히 사라지는 중국인을 보고 허망해할 수 있다. 반대로 어떤 경우에는 중국의 시간은 매우 느릴 수도 있다. 공장 설립허가를 받으려고 몇 년째 상무국을 드나드는 한국 주재원들에게는 중국의 시간은 너무나 느리다.

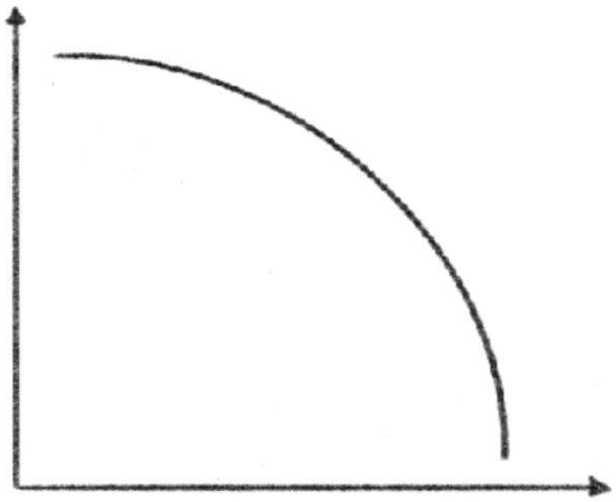

중국의 시간 2

예측이 어려운 대표적인 예가 기술의 발전 속도다. 기술 수준이 한참 뒤떨어진 중국 경쟁사가 어느날 갑자기 턱밑까지 추격하는 경우도 빈번하다. 10년 전 중국 기업의 기술 수준에 대한 기사는 대부분 '중국의 기술은 빠르게 발전하고 있지만, 걱정할 정도는 아니다' 또는 '몇 년의 격차가 있으니 괜찮다'는 식의 자위적인 기사가 대부분이었다. 하지만 그런 기사는 이제 대부분 '이미 부분적으로는 우리의 기술을 앞질렀다' 또는 '앞지르는 것은 시간 문제다'라는 기사로 바뀌고 있다.

왜 중국의 시간은 예측 불가능할까? 우리가 느끼는 시간에 비해 왜 중국은 빠르거나 느릴까? 사회 현상을 단순하게 몇 가지 이유로 설명하는 것은 무리가 있지만 쉬운 이해를 위해서 몇 가지 열거해 보겠다.

우선 중국은 당이 관리하는 국가다. 보이지 않는 손이 아닌, '뻔히 보이는 손'이 경제 정책은 물론 단일 기업의 일까지도 관여한다. 이념 때문에 기업의 정책과 운명이 바뀌는 일이 꽤 자주 있다.

그리고 중국은 아직 개발도상국이다. 일반적으로 개발도상국들은 변화 속도를 예측하기 힘들다. 경제 논리 외의 변수가 너무나 많기 때문이다. 정치는 물론, 사회, 문화 등의 요소들이 만들어내는 예측불가능성들의 조합이 우리들의 뒷통수를 친다.

게다가 세상은 변했다. 웹(web)과 인터넷은 시간을 왜곡시킨다. 느리다가도 빨라지고, 가속이 붙는다 싶었는데 이미 눈앞에서 사라진다. 최신 기술을 절대 선(善)으로 받아들이는 중국인들의 생활은 웹으로 대표된다. 길거리 거지도 모바일 결제로 구걸을 받는 곳이 중국이다.

하지만 무엇보다 우리 생각의 한계가 가장 큰 문제다. 우리는 우리의 시계로 중국의 변화를 예측한다. 예를 들어, 우리가 처음 반도체를 생산하고 일본과 미국을 제치고 시장에서 1등을 하기까지 걸린 시간을 기억하고, 이를 대입한다. '우리가 20년이 걸렸으니, 아무리 빨라도 10년은 걸릴 것이다'라고 중얼거린다. 하지만 불과 몇 년 뒤에 이미 앞질렀다는 것에 좌절한다. 중국의 시간은 우리를 늘 배신한다.

럭셔리 브랜드들의 착오

한창 소비자들의 구매욕이 폭발하던 베이징 올림픽과 상하이 엑스포 즈음에서는 누구나 럭셔리 브랜드를 찾는 소비자층, 당시의 부유층이 계속 늘어날 것을 예상했다. 미국이나 유럽의 글로벌 럭셔리 브랜드들은 이들을 타겟으로 보고 중국에 진출했다. 당시 그들의 눈에는 중국의 부유층은 외국 제품이라면 돈을 얼마든지 주고도 사려는 사람들로 보였다. 당시 중국 제품들의 품질과 갑자기 늘어난 중국인들의 소득 수준을 고려했을 때, 무리한 해석은 아니었다.

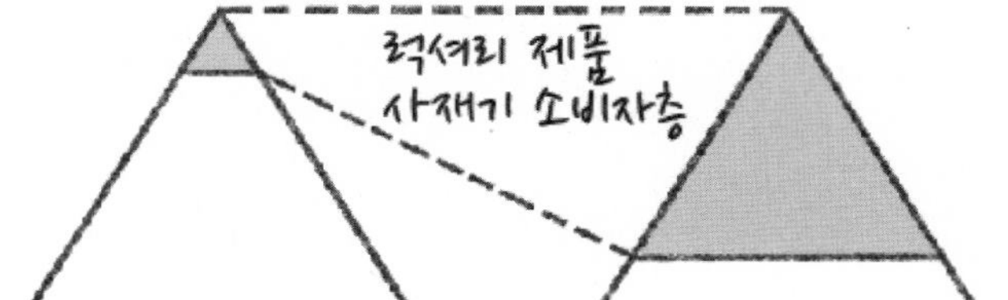

외국 기업들의 예상

그렇기 때문에 이들 부유층을 대상으로 판매하는 제품의 가격을 서서히 올리기 시작했다. 어차피 소비자들은 중국 부자들이고, 고급 럭셔리 제품이라면 가격을 따지지 않고 살 것이므로 높은 가격을 매기는 것은 너무나 당연했다.[30] 그리고 대도시를 중심으로 최고급 플래그십 스토어를 앞다투어 오픈하기 시작했다. 임대료 및 매장 운영 비용이 비싸도 중국인 손님들은 몰려 들어올 것이고, 높은 가격이 그 수익을 보장해 줄 것이라 믿었기 때문이다.

하지만 실상은 달랐다. 중국인들의 럭셔리 브랜드 사랑은 변화가 없었지만, 변종이 생겨났다. 합리적 소비층. 이들은 좋은 외국 브랜드를 구매하지만, 합리적인 가격에 구매하기 위해서 다양한 판매 채널을 비교하는 똑똑한 소비자다. 해외직구를 통해 주문을 하고, 홍콩이나 한국으로 넘어와 면제점에서 쇼핑을 하기 시작했다. 비싼 제품을 비싸게 사는 게 아니라, 가격을 비교해서 좋은 품질의 상품을 저렴하게 사려는 똑똑한 소비를 시작했던 것이다. 이 합리적인 소비층은 중국의 경제 성장 속도가 둔화됨과 동시에 물가가 치솟자 급격히 증가했다.

결국은 럭셔리 브랜드들의 중국 내 판매는 예상치 못한 실적 난조를 보일 수밖에 없었다. 물론 성장은 계속되었지만, 목표량을 훨씬 밑도는 결과였다. 대도시에 정신없이 입점하던 플래그십 매장은 모두 적자였다.[31] 이 모든 일들이 불과 몇 년 안에 벌어진 일이며, 외국 브랜드들이 투자 회수를 할 겨를도 없었다. 대신 홍콩과

30 이 결과 중국은 전세계에서 루이비통 핸드백과 나이키 운동화를 가장 비싸게 판매하는 국가 중 하나가 되었다.

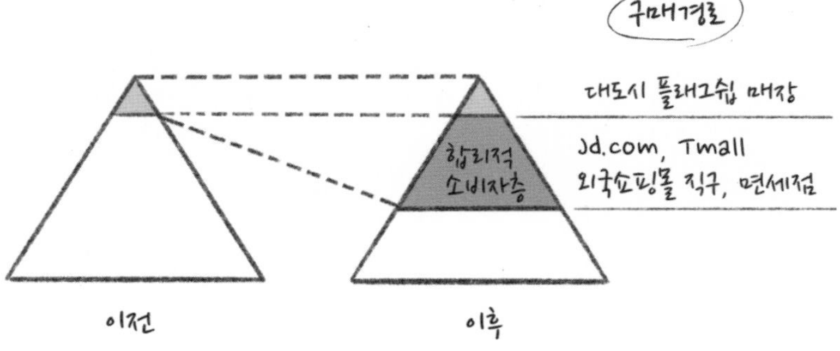

실제 결과: 합리적 소비자층의 등장

한국, 일본의 면세점들이나 미국의 아울렛 매장들은 이 합리적 소비자들로 넘쳐나기 시작했다.

하지만 이 난세를 바로잡은 최종 승리자는 알리바바와 징동(jd.com)이었다. 이 시기에 징동은 인터넷을 통해 브랜드 제품을 판매하기 시작했다. 현명한 소비자들이 믿을 수 있는 상점에서 브랜드 제품을 저렴하게 구매하는 것을 가장 중요하게 생각하는 것을 노린 전략이었다.[32] 징동은 사입 판매 모델로 구축한 인터넷 쇼핑

31 물론 플래그십 스토어를 운영하는 목적이 매장의 수익성만은 아니다. 이들 매장이 브랜드 인지도를 높이는 효과도 적지 않다. 루이비통 브랜드를 보유한 LVMH는 당시 상하이의 플래그십 매장을 유지하는 이유를 중국 본토 소비자들의 브랜드 인지도를 높이면서, 홍콩에서 면세로 구매하는 것까지 고려한 전략이라고 설명했다.

32 이쯤에서 이 글을 읽는 분들이 앞서 얘기한 알리바바와 아마존의 싸움에서 '브랜드 사입 모델'은 중국에서 성공하지 못했다는 것을 떠올릴 것이다. 물론 징동닷컴의 알리바바의 장터 모델은 타오바오의 장터 모델과는 정반대의 전략이다. 하지만 징동닷컴의 타겟 고객층은 전체 중국 소비자라기보다는 고가의 브랜드를 선호하는 소비자들이기 때문에, 앞선 아마존의 실패와는 차이가 있다. 중국에서도 각기 다른 소비자층은 각기 다른 전략으로 접근하는 것이 옳다는 것을 보여주는 예다.

몰이다. 중고가 브랜드 선호층을 타겟으로 믿을 수 있는 제품을 싸게 판매하는 전략으로 오프라인의 매장들보다 저렴하게 판매하면서 큰 성공을 거두었다.

타오바오(淘宝) 쇼핑몰을 통해 저가 상품시장을 점령한 알리바바도 시대가 변하고 있음을 감지했다. 그리고 티몰(Tmall, 天猫)이라는 쇼핑몰에 고급 브랜드들을 엄선해서 입점시켰다. 이 백화점식 브랜드몰은 타오바오로 굳혀진 알리바바의 싸구려 인식을 불식시키기 충분했다. 브랜드를 선호하는 고객들이 몰리기 시작했고 대박을 터트리며 새로운 소비자층, 합리적 소비층을 징동과 함께 점령했다. 그리고 미국의 블랙프라이데이(black friday)나 영국의 박싱데이(boxing day) 만큼이나 유명한, 꽝꾼지에(光棍节) 또는 솽스이(双十一) 프로모션도 만들어냈다.[33]

중국의 시간은 우리가 알고 있는 시간의 속도와 다르다. 중국 경제보다 안정적이고 성장이 둔화된 미국 시장이나 한국 시장에서 소비자의 구매 형태가 급속도로 변하는 일은 거의 드물다. 순식간에 등장한 '합리적 소비층'을 두고, 아마도 외국 브랜드들은 자신들이 가지고 있던 시간의 개념으로 현상 분석을 했을 것이다. 곧 사라질 유행 같은 구매 행태라고 분석했을 수도 있고, 아니면 천천히 대응을 모색하려 꾸물거렸을지도 모른다. 하지만 그 사이에 이미 중국 경쟁사들은 본능적인 움직임으로 시장을 장악했다.

33 독신자의 날인 11월 11일에 시작되는 세일프로모션이다. 알리바바가 시작했지만, 이제는 모든 온/오프라인 쇼핑몰들이 이날 대대적인 세일을 하고 있다. 기존의 춘지에(春节) 세일의 인기가 사라진 계기가 되었을 정도로, 중국 유통의 흐름을 바꿔 놓았다.

시간 변수 대응 전략

다시 생태계 이야기로 돌아오자. 우리의 시계와 중국의 시계가 다르다는 것을 알게 되었다. 하지만 그 속도를 어떻게 예측할 것인가? 우리 기업은 중국 경제가, 중국 정부가, 시장의 트랜드가, 경쟁사가, 심지어 함께 일하는 협력사와 직원들이 변화하는 속도를 어떻게 예측할 것인가?

예측을 위해서는 변화의 순간을 감지하고 빠르게 대응하는 것이 필요하다. 변곡점에 도착했다는 것을 빨리 센싱(sensing)하는 방법 중 하나는 '가벼운 조직 구조와 분산된 의사결정 권한'이다.

한국 기업은 보고가 참 많다. 모두 기업의 오너인, 단일 의사결정 권자가 체계적으로 관리하기 위해서 만들어진 조직 문화의 산출물이다. 하지만 복잡한 생산 관리와 넓게 퍼져 있는 판매 채널 관리에는 유리할 수는 있을지 몰라도, 문제를 초기에 감지하고 이를 빨리 해결하기 위해서는 매우 비효율적이다. 실시간으로 변화를 감지하고 이에 대한 결정을 빠르게 할 수 있는 슬림한 구조가 필요하다.

인터넷 회사가 좋은 예다. 온라인 쇼핑, 소셜네트워크, 게임 등으로 대표되는 인터넷 회사들은 소비자들의 변화를 실시간으로 접한다. 그리고 그 변화에 실시간으로 대응하는 데 익숙하다. 5분 전만 해도 히트를 기록하던 상품이, 경쟁 쇼핑몰에서 할인을 하는 바람에 판매가 급격히 줄어들고 있다고 가정해 보자. 이를 발견한 사원이, 과장에게 보고하고, 과장은 주간보고에 이를 부장에게 보고하고, 부장은 간추려서 상무님 기분이 좋을 때 보고하는 식의 방법으로는 이 바닥에서 살아남지 못한다.

인터넷 회사는 문제를 발견 즉시 대응하기에 효율적인 조직이 아니면 살아남을 수 없다. 조직은 가볍고 의사 결정 권한은 각 팀 단위에 할당되어 있어야 한다. 그래야 5분 전에 떨어진 판매량을 되살리기 위해 발견과 동시에 가격 할인은 승인되고, 얼마 지나지 않아 판매량이 회복된 것을 확인한다. 이제는 이런 빠른 속도의 감지 – 해결 능력이 인터넷 회사들만의 핵심 능력이라고 말하기는 힘든 세상이 오고 있다. 금융, 유통 심지어 제조 산업도 빨리 감지하고 빨리 처리하는 것이 가장 중요한 핵심 능력으로 자리잡고 있다. 실시간으로 소비자들의 구매 경향을 분석해 바로바로 생산량을 조절하는 기술이 제조업의 핵심 역량으로 대두되고 있다. 좋든 싫든 웹과 디지털이 만들어낸 결과다.

결국 외부 또는 내부의 변화를 감지하는 센싱 능력을 높이기 위해서는, 감지 – 보고 – 결정까지의 프로세스가 한두 단계 이상을 넘어서는 안 된다. 즉 정보를 얻고, 문제를 해결하는 과정에서 관여된 사람이 두 명 이상이 되어서는 안 된다. 그렇기 때문에 가벼운 조직 구조와 의사 결정 권한의 분산이 무엇보다 중요하다.

우리 기업과 비교하면 많은 차이가 있다. 나이와 근무 연차를 중시하며 복잡한 계층식 보고를 선호하는 우리 기업들은 그 보고 체계를 무시하는 것을 마치 심각한 부정을 저지르는 것처럼 생각한다.

상무님을 모신 회식자리에서 술기운이 오른 박대리가 별 생각 없이 협력사에서 얻은 정보를 상무님께 얘기했다고 가정해 보자.

"상무님, 제가 어제 한국통상에서 얻은 정보인데요……. 미국전자에서 신제품을 예상보다 6개월 앞서서 출시한다고 하네요. 우리도 이를 대비해서 제품 출시를 빨리 해야 하지 않을까요?"

다음 날 술이 덜 깬 박대리는 과장님과 차장님과 부장님에게 차례로 불려갈 것이다.

"어디서 감히 나를 통하지 않고 상무님에게 보고를 해? 조직 위계질서를 무시하는 거야?"

"한국 통상에서 얻은 정보가 정확하다고 누가 그래? 뜬소문으로 회사 뒤집어 놓으려 환장했어?"

"그런 건 부장님이 보고하게 해야지. 나대지 좀 마."

뭐, 대충 이런 상황이 벌어질 것이다. 우리 기업은 이것을 '사내 정치'라고 한다. 비즈니스에 사내 정치까지 하려니, 한국 사람들은 참 피곤하다.

이를 극복해 보겠다고 '님'이나 '프로' 등으로 직급 호칭을 대체하는 기업문화가 유행이던 시절이 있었다. 하지만 우리는 바보가 아니다. 같은 님이지만, 이쪽 님이 저쪽 님의 상사이며, 인사고과를 결정하고, 승진에 결정적인 영향을 끼친다는 사실을 잘 안다. 연차나 호봉으로 나눠지는 수많은 직급체계가 사라지지 않는 이상, 호칭으로 센싱 능력을 키울 수는 없다.

중국의 기업 내의 보고 구조는 우리와 비교해서 매우 간단하다. 물론 중국 기업의 역사가 짧은 것이 그 이유다. 길어야 이십 년 남짓의 역사를 가지고 있는 중국 기업의 보고 체계는 아직까지는 놀랄 만큼 허술하고 단순하다. 아직도 중국의 최고 기업들은 이를 창업한 1세대들이 운영하고 있으며, 그들의 사업 센스로 큰 결정들이 이뤄진다. 이들은 자신이 창업한 회사이므로 작은 업무까지도 완벽하게 파악하고 있다. 심지어 어떤 경쟁사에 비해 어떤 경쟁력이 있는지, 정부의 누구와 얘기를 해야 하는지, 직원 중에 누구를 믿어야 하는지 정확하게 알고 있다. 한국 대기업이 창업자로부터 3대, 약 50년 남짓의 역사를 거치면서 만들어진 복잡한 보고 체계와는 다를 수 밖에 없다.[34]

중국의 짧은 기업 역사 외에도 기본적으로 동업을 중시하는 중국 기업 문화의 영향도 있다. 중국 기업은 창업자가 운영하는 회사라 해도 일인체제는 아니다. 창업자나 최고경영자는 자신이 믿고 함께 일하는 여러 명의 임원들에게 많은 권한을 위임한다. 우리나라 대기업의 가신 또는 2인자라고 불리는 임원과는 그 성격이 조금 다르다. 중국의 주요 핵심 임원들은 일인자와 거의 대등한 관계를 가지고 있기 때문이다.

알리바바에는 마윈만큼이나 존경을 받고 있는 18명의 나한(羅漢)이라고 불리는 창립 멤버들이 있고, 화웨이는 세 명의 순환 CEO들이 6개월씩 돌아가면서 실질적인 최고경영자 역할을 맡고 있다. 오포(OPPO)는 앞서 말했듯 철저한 파트너십 관계로 지역별 독립운영이 그 모델이다. 결국 한 명이 결정하는 구조가 아닌, 다수의 결정권자들이 자신이 맡은 분야에서 빠른 결정을 할 수 있는 구조이다. 권력과 결정 권한의 분산은 빠른 센싱과 리스크 관리에 가장 효율

34 경영컨설턴트로 일하다 보니, 가끔 중국 기업들로부터 이러한 복잡한 일본이나 한국 기업의 보고 체계를 배우고 싶다는 얘기를 듣는다. 점점 규모가 커지는 기업의 운영이 창업자의 비즈니스 감각에 의존하기가 힘들어지기 때문이다. 물론 나는 늘 그런 요구를 받을 때마다 현재의 가벼운 조직 및 보고 체계를 살려야 한다고 설득을 하는 편이다.

적인 방법일 수 있다. 이런 이유로, 중국 기업은 한국 기업보다 적어도 중국에서는 위험을 빨리 감지하며, 결정도 그만큼 빨리 할 수 있다.

어떻게 한국 기업이 중국 기업만큼 속도의 변화에 빠르게 대응할 것인가는, 결국 어떻게 센싱부터 결정까지의 단계를 줄이느냐의 문제다.

결국 중국 사업에서는 간단한 보고 체계를 구축하고, 중국 내에서의 결정 권한을 늘려야 한다. 예를 들어, 한국에서는 직원 – 대리 – 과장 – 차장 – 부장 – 상무 – 전무 – 사장의 직급순으로 보고가

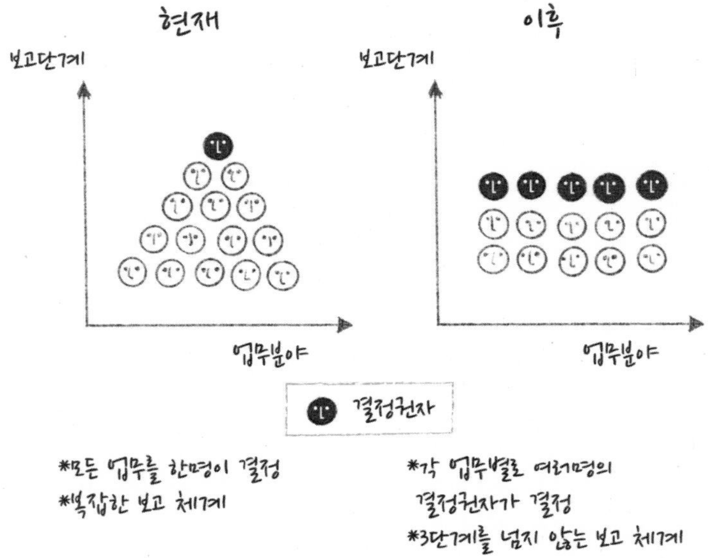

결정권한 및 프로세스의 변화 제안

이루어진다면, 중국에서는 직원-매니저-사장으로 대폭 줄이는 방법밖에는 없다. 또는 사장 만큼의 권한을 가지고 있는 임원을 늘리는 방법도 있다.

물론 이와 같은 조직 변화에 대한 결정은 부장 또는 상무급의 실무 단계에서 할 수 있는 일은 아니다. 주재원들을 대량 파견해서 본사의 운영체계를 미러링하고 있는 현재 한국 대기업의 보고 구조에서는 불가능에 가깝다. 중국 직원들을 못 믿는 주재원들과 주재원도 못 믿는 본사 임원들이 반대할 것이 분명하기 때문이다. 결국 최고 경영자의 결단이 필요한 부분이다.

제8장

크기 변수

중국에서 한국 기업들이 자주 만나게 되는 또 다른 어려움은 '엄청난 공간의 크기'다. 좀 더 정확하게 말하자면 그 공간의 크기에서 오는 '모호함'이다.

마치 시골의 작은 마을에서 옆집에 소가 몇 마리이고 앞집 둘째 아들이 몇 학년 몇 반인지를 훤히 알던 사람이, 서울의 30층짜리 아파트에서 살면서 지하철을 타고 다니며 지나치는 수많은 사람들 속에서 느끼는 혼란과도 같은 것이다.

중국의 면적은 960만km^2, 한국은 99만 km^2이므로 약 10배 차이가 난다. 중국의 인구는 13억 5천만이고, 우리는 5천만이다. 27배다. 하지만 단순히 이 숫자를 얘기하는 것은 의미가 없다. 중요한 것은 이 크기가 우리의 생태계에 미치는 영향이다 .

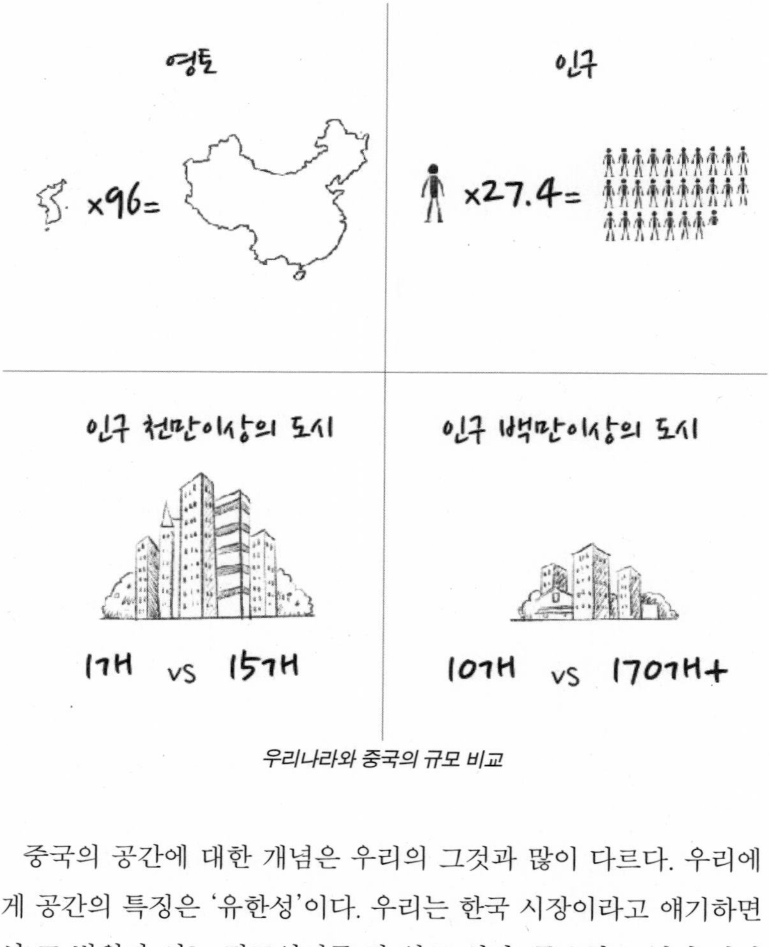

우리나라와 중국의 규모 비교

중국의 공간에 대한 개념은 우리의 그것과 많이 다르다. 우리에게 공간의 특징은 '유한성'이다. 우리는 한국 시장이라고 얘기하면서 그 범위가 어느 정도인지를 잘 알고 있다. 중요한 도시가 어디이며, 각 도시에서 협력해야 할 주요 기업들은 어떤 곳이며, 몇 개의 제품을 팔면 성공이다 아니다 따위의 감이 있다.

중국인에게 공간은 넓다는 표현보다는 그 범위가 없다고 표현하는 것이 맞다. 그 '무한성'에 한국인 머리로 범위를 만들려고 하면서 복잡함은 시작된다. 서울의 대표성을 자꾸 베이징과 상하이를 비롯한 1선 도시에 적용하려고 하는데, 그 도시들마저도 서로 다르다. 사실 4개뿐인 1선 도시만 해도 그 속을 이해하기가 벅차다.

이 개념조차 와닿지 않는 공간의 몇 가지 심각한 문제점들을 하나씩 들여다보자.

공간에서 오는 위협 1—한국인의 콘트롤 본능

일반적으로 한국의 회사원들에게 콘트롤 능력은 가장 중요한 업무 능력 중에 하나이다. 자신이 하고 있는 업무에 대해 꼼꼼하게 파악하고 있는 사람들이 인정받는 것이 우리 기업문화다. 회사에서 상사에게 이쁨 받고 초고속 승진을 하는 사람들을 보자. 수첩이나 태블릿에 시간 단위로 회의 일정이 있고, 회의 기록을 한다. 이를 모바일 폰과 이제는 웨어러블(wareable) 시계를 일정 관리 소프트웨어에 연동시켜서 초단위의 업무도 해낼 각오다. 지금 거래처에 납품되는 물량이 얼마나 되는지 미수금이 얼마인지 정확하게 알고 있다. 심지어 지금 주문한 물건이 실린 트럭이 어디쯤에 왔는지도 알고 있다. 다음 분기 예상 수주액도 정확해서 월요일 아침 회의시간에 늘 칭찬받는다. 그래서 회사에서 인정받고 중국 주재원으로 발령을 받았을지도 모른다.

하지만 이런 분들에게 중국은 악몽이다. 땅이 넓어서 베이징에서 비행기로 3시간이 넘는 거리에 있는 광저우(广州) 사무소 직원들은 도대체 사무실에 붙어 앉아 있지 않고 어디서 무엇을 하는지 불안

하기만 하다. 매일 아침 사내 메신저를 켜 보면 모두 '오프라인'이다. 도대체 다들 일 안 하고 어딜 놀러 다니는지 불안하다. 쫓아가서 옆에서 지켜봐야 하는데…… 중얼거린다.

이런 분들은 회의에 치여 살게 된다. 한국에서 하던 식으로 모든 영업사원들과 실적 보고 회의를 하겠다고 고집을 부리고, 결국 매주 비행기를 타고 이 도시 저 도시로 날아다닌다. 한국보다 몇 배 많은 영업사원들의 실적을 하나하나 체크하고 잔소리하느라 쓰러지기 일보 직전이다. 자신이 하나하나 확인 안 하면 못 참는 이런 성격이 한국에서는 성공하는 사람들의 습관일지 몰라도 중국에서는 술담배만큼이나 건강에 해롭다.

게다가 많은 한국인들은 업무 근태에 대한 강박이 있다. 출근시간에 지각 세 번은 결근 처리하고, 결근 세 번이면 시말서를 쓰게 만들어야 직성이 풀린다. 휴가 내겠다는 직원들을 보며 군기가 빠졌다고 비아냥댄다. 이런 생활에서 적응한 분들이 처음 중국에 부임해서 만나는 중국 직원들의 업무 분위기는 그야말로 개판이다. 배우자가 감기몸살 났다고 멀쩡한 자신이 휴가를 내는가 하면, 출근길에 차멀미를 했다고 오후 조퇴를 한다. 명절에는 앞뒤로 며칠씩 붙여서 휴가를 내기 때문에, 중국의 설날인 춘지에(春节)나 국경절인 궈칭지에(国庆节)에는 한 달 가까이 중국 직원들이 사라진다. 한국인들은 상상도 못 할 이런 모습에 입이 쩍 벌어진다. 그뿐만이 아니다. 오후 6시가 되면 단 5분을 넘기지 못하고 이미 사무실은 썰렁하다. 모두 칼퇴근을 해버리기 때문이다. 만들어 오라는 보고서는 도대체 감감무소식이다. 그래서 한국 사람들은 중국 직원들

이 제때 출근을 하는지, 업무시간에는 딴짓을 하지 않는지 걱정들이 많다.[35]

중국의 대륙은 넓고 모호하다. 직원들의 관리는 물론 협력 업체들 동향도 파악이 어렵다. 협력사들은 제각기 다른 생각을 하고 있는 듯한데, 도대체 그 속을 알 방법이 없다. 들리는 소문에 의하면, 몰래 다른 기업에도 납품을 하고 있다는데 사실 이를 증명할 방법도 없거니와 잡아서 단죄할 뚜렷한 근거도 없다. 반대로 아주 좋은 조건으로 협력사가 납품을 하겠다고 제안을 해와도 한국 기업들은 바로 계약하길 주저한다. 믿을 만한 업체인지 검증해야 하는데 무엇을 어떻게 어디서부터 검증할지 막막하다.

모든 게 모호하고 주저하게 만드는 일뿐이다. 그래서 한국에서처럼 모든 게 명확하게 명문화되고 수치화되지 않는 것에 대해서 늘 불평할 뿐이다.

공간에서 오는 위협 2—한국인의 단순화 본능과 대륙의 다양성

한국은 평균이 형성된 나라다. 그래서 사회계층 간의 격차가 크지 않은 나라 중 하나다. 그럼에도 불구하고, 아직은 불평등이 많다면서 끊임없이 투쟁하고 있는 나라다. 많은 소비자들이 비슷한 가

35 실제로 한 대기업에서 심각하게 근태가 엉망인 중국인 직원들을 잡아낼 수 있는 방법이 없는지를 문의해 온 적이 있다. 주재 나온 지 7년이 넘었다는 마케팅을 담당하는 한국인 부장은, 회의실에서 중국인들이 다 듣고 있는 데도 굴하지 않고, 가슴을 치며 말했다. '이 게으른 중국 직원들을 어떻게 하면 철저하게 감시해서 일하게 만들까.' 황당한 얼굴로 회의실을 떠나는 나에게 중국 직원이 귀띔했다. 이번에도 상무진급에 실패해서 성격이 더 안 좋아졌다고. 그 기업의 중국 사업과 그 사람의 건강을 위해서 어서 빨리 그분이 주재를 마치고 한국으로 귀임하기를 바라면서 떠났다.

격대의 자동차를 타며, 비슷한 학력을 가지고 있으며, 비슷비슷한 장소에서 주말 데이트를 한다. 내가 좋아하는 것을 다른 사람들도 좋아할 것이라고 생각한다. 그렇기 때문에 점심은 짜장면으로 통일해 버리고, 굳이 볶음밥을 시키겠다는 사람에게 핀잔을 준다.

반면에 중국은 다양성이 그 정체성이다. 중국에는 56개의 민족이 있다. 그 민족들이 조금은 아슬아슬하게 하나의 국경 안에서 살아가고 있다. 14억에 가까운 인구는 언어, 종교, 이념은 물론 소득 수준 또한 매우 다르다. 이런 환경에서 형성된 그들의 삶의 형태는 우리가 상상하는 것 이상으로 다양하다. 베이징과 상하이에서는 한국에도 몇 대 없는 슈퍼카를 길거리에서 흔하게 볼 수 있지만, 아직도 단돈 500원에 해당하는 인민폐 3위엔으로 점심을 사 먹는 사람들도 꽤 있다.

문제는 한국인으로서 이 다양성과 공간의 모호함을 이해하는 것이 너무나 어렵다는 것이다. 중국의 다양성은 우리나라 다양성의 확장판이 아니다. 이 말뜻이 정확하게 와닿지 않을 것 같아서 그림으로 표현해 봤다.

한국인의 세상이 동그랗다고 가정해 보자. 동그란 세상에서 살던 우리는 중국의 인구의 수를 보면서, 중국은 이 동그라미가 약 30배 커진 것으로 생각한다.

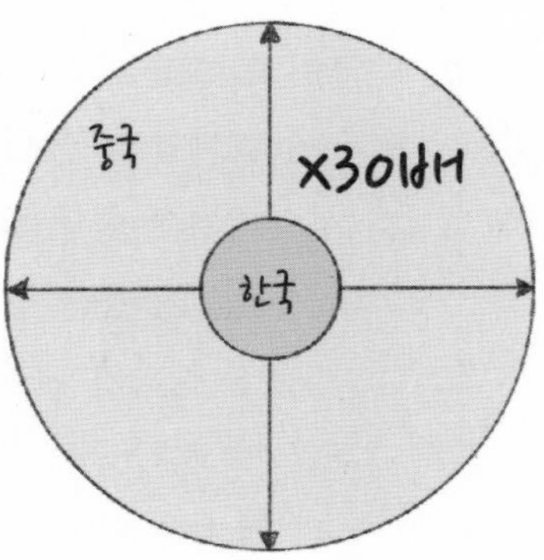

한국인이 이해하는 중국

하지만 그게 아니다. 비례가 아니다. 전혀 새로운 세상일 수도 있다. 한국에 존재하는 사람, 문화, 시장이 중국에서는 존재하지 않거나 오히려 한국보다 작을 수도 있다.

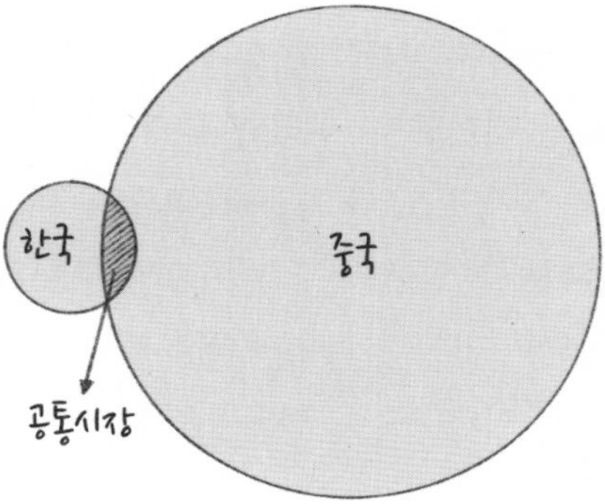

일부 시장은 한국과 중국이 거의 다를 수 있다

예를 들어 보자. 핸드폰 액정에다가 전자 펜으로 글씨는 쓰는 것을 선호하는 소비자층이 한국에는 20만 명이 있다고 가정해 보자. 중국 인구가 한국 인구보다 30배 많은 것을 떠올린 이 기업은, 중국에 600만 명(20만 명 x 30배) 소비자가 있다고 가정할 것이다. 하지만 꼭 그렇지 않은 경우가 많다. 중국에서도 이 소비자층이 20만 명밖에 없을지도 모른다. 혹은 600만 명이 있지만, 어느 도시에 거주하는지는 알 방법이 없을 수도 있다.

그래서 중국 시장을 이해해 보려고 한국 기업들은 시장 조사를 한다. 단순함을 사랑하는 한국인은 한두 장의 슬라이드 또는 한두 문장으로 중국 소비자의 성향을 정의해 달라고 한다. 하지만 이는 불가능에 가깝다. 설령 정리가 된다 하더라도 이는 가설에 불과하며, 각 도시와 그 안의 소비자군을 대상으로 다시 검증을 해야 한다.

중국 소비자의 선호나 제품 경쟁력, 사용도 등을 간단한 설문조사를 통해서 알아보겠다는 순진한 생각은 버리는 것이 좋다. 모집단을 아무리 크게 만들어도, 실제는 그 모집단을 통해서 나온 결과에 비례하지 않을 가능성이 매우 크다. 우리나라에서는 모집단 100명을 통해서도 의미 있는 결과가 나올 수 있지만, 중국에서는 도시별로, 지역별로, 교육 수준별로, 소득 수준별로, 민족별로 그 결과는 다를 수 있다.

평균이 없는 나라에서 평균을 찾느라 너무 애쓰지 말기 바란다.

공간 변수 해결 방법—선택과 집중

이 모호한 공간 속에서 길을 잃지 않는 방법을 찾아보자.

첫째, 모든 것을 콘트롤 할 수 있다는 생각부터 버려야 한다. 당신의 그 욕심이 그릇된 결정을 초래할 것이 분명하기 때문이다. 이것 저것 모두 조사하고 깔끔하게 보고하려는 욕심은 버리자. 대부분을 모호한 상태로 가져가되, 가장 중요한 몇 개는 확실히 한다는 식의 접근이 필요하다.

한두 개 중요한 성과지표를 정하자. 그리고 이를 성공시키는 것을 조직 차원의 목표로 해야 한다. 이 지표는 수익성이나 매출 또는 성장률일 수도 있다. 사업의 목표에 따라서 브랜드 가치일 수도 있고 소비자들의 매장 방문 빈도수일 수도 있다.

불필요한 다른 성과지표들까지 챙기려고 신경쓰다가 정작 가장 중요한 목표를 향한 집중력을 떨어뜨려서는 안 된다. 한국 기업들이 사랑하는 시장 점유율은 잠시 잊고 있는 것이 건강에 이롭다. 한국에서는 시장 점유율에 목숨 거는 기업들이 많지만, 시장 점유율이라는 지표에 의미 있는 숫자가 담기기 위해서는 엄청난 비용을 들여 조사를 해야 한다.

그리고 시장 점유율 자체가 아무리 공신력 있는 업체의 자료라 해도, 또는 아무리 비싼 비용을 들여서 조사를 했다 하더라도 그 숫자는 정확하지 않을 수 있다. 그리고 조사 결과는 일시적이다. 다음 달이면 달라질 시장 점유율에 목숨 걸지 않기를 바란다.

한국 사람들은 경쟁을 참 좋아한다. 한국 기업들은 중국에서도 전략 컨설팅을 의뢰할 때, 다른 한국 기업과의 중국 시장 점유율 비교를 늘 요구한다. 즉, 어떤 기업이 한국 시장에서는 가장 큰 경쟁사인데 그 회사에게만큼은 밀리면 안 된다는 것이다. 본사의 임원들이 한국에서의 경쟁 관계를 쓸데없이 확장해서, 중국 시장에까지 그 경쟁사보다 우위에 있는지에 관심을 둔다는 황당한 얘기다. 50등 하는 학생이 46등 하는 학생을 따라잡겠다고 목표를 설정하면, 잘해야 45등이다.

두 번째, 처음에는 작은 공간에서 성공을 하고 이를 확장하는 식의 접근법이 안전하다. 한 도시에서 또는 한 시장에서 수익부터 내보자. 중국의 규모에 압도되어서 또는 한국에서의 시장 점유율을 잊지 못해서 확장만 하려고 뛰어들지 말자. 한 도시에서 공고한 생태계를 만들어 작더라도 성공을 해본 뒤에 다른 도시로 진출해도 늦지 않다. 작은 성공을 통해서 자신감도 얻고, 인지도도 높이고, 무엇보다 당신도 조금씩 배워가는 시간이 필요하다.

한국에서 전국구로 놀다가 중국의 한 도시 안에서의 성장이 만족스럽지 않을 수 있다. 하지만 잊지 말자. 베이징과 상하이는 각각 서울보다 인구가 두 배다. 서울에서 지금까지 당신이 들인 공보다

두 배의 노력을 다시 중국에 쏟아 부을 수 있다면, 그 중 한 도시에서 성공할 가능성이 있다. 그리고 잊지 말자. 당신은 한국말을 하는 한국 사람이다. 베이징에서 당신은 중국말이 서툰 그냥 외국인일 뿐이다. 한 도시에서 성공하는 것도 녹록지 않을 것이다.

두 개의 한국 기업이 있다. 둘 다 같은 산업, 시장, 그리고 제품마저도 같은 경쟁관계다. 한국 시장에서 이들은 비슷한 전략을 펼치며 치열하게 판매량과 시장 점유율을 가지고 싸운다. 편의상 이 두 기업을 A와 B로 부르기로 하자. 두 기업의 중국 내 매장 수는 비슷하다. 하지만 이 두 기업은 중국에서는 전혀 다른 확장 전략을 펼치고 있다. A기업은 한두 곳이라도 매장을 열어서 수많은 성과 도시에 진출했다. B기업은 딱 두 도시, 베이징과 상하이에서 10년 넘게 매장 수를 늘리고 있다.

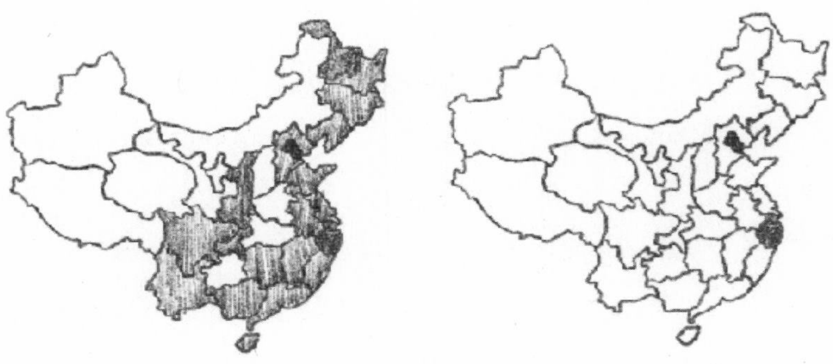

A기업과 B기업의 확산전략 비교

몇 년 뒤 과연 어떤 기업이 성공했을까? 성공의 기준이 중국 전역에 깃발을 꼽는 '확장'이라고 본다면 A기업은 언뜻 성공이라고 볼 수 있다. 하지만 그 확장이 십여 년간 지속되는 동안 A기업은 수익을 내지 못했다.

성공의 기준이 수익성과 지속성장 가능성이라고 본다면 B기업이다. 물론 이 기준이 더 설득력이 있다. 수많은 매장을 운영하면서도 수익을 내고 있다. 이에 자신감을 갖고 몇 년 전부터 다른 도시로 진출하고 있다. B기업은 두 도시에 집중하면서, 안정된 생태계를 구축했고 성공을 했다. 이제 생태계를 확장할 준비가 되자, 그 매장의 수를 전국으로 늘려가고 있다.

앞뒤 안 가리고 중국 전역을 올해 안에 점령하겠다는 말도 안 되는 계획을 연초 시무식에서 자랑스럽게 발표하는 임원을 경계하자. 중국이라는 거대함에서 모호함을 걷어낼 수 있는 방법은 없다. 선택을 하고 집중을 하지 않는 한, 당신의 생태계는 절대 중국에서 살아남지 못한다.

제9장

문화 변수

세 번째 변수는 중국인들과 그들의 문화다. 앞서 말했듯이 한국은 다른 나라에 비해서 평균이 형성이 되어 있는 나라다. 교육 또는 소득 수준의 격차가 그리 크지 않다. 적어도 중국에 비하면 그렇다. 결국 당신이 이해할 수 있는 중국인과 중국 문화는 한정되어 있다. 오히려 중국인이 이해하는 한국인과 한국 문화가 더 깊이가 있을 수 있다. 비즈니스라는 것이 사람이 하는 일이기 때문에, 사람과 그들이 소통하는 방식인 문화에 대한 이해가 부족하면 성공하기 힘든 것은 당연하다.

중국 사람과 중국의 문화는 수많은 책들이 다뤄온 주제들이다. 역사학, 정치학, 사회학을 비롯하여 다양한 학문들에서 연구하고 분석해 온 아주 흥미진진한 분야다. 대부분 보여지는 현상을 분석해서 사람과 문화를 일반화시키는 접근 방식을 취한다. 이 책에서도 유추와 무리한 일반화는 피할 방법이 없을 듯하다. 단지 조금 다른 시각으로, 비즈니스를 중심에 놓고 분석해 보고자 한다.

첫째 문화 변수—인간관계

인간관계는 세계 어느 나라나 중요하다. 함께 살아가는 세상에서 인간 간의 관계는 비즈니스 성공의 핵심이라고 볼 수 있다. 그렇기 때문에 중국에서만 특별히 인간관계가 중요한 것은 아니다. 전세계 그 어디에서도 인간관계가 비즈니스에 중요하지 않은 나라는 없다. 꽌시(关系)를 들먹이며 중국에서만 유독 인간관계가 중요한 것처럼 떠들어대는 사람들은 중국 외의 다른 나라에서의 비즈니스 경험이 없거나, 인간관계 자체와 이를 맺어가는 과정을 혼동하는 사람들이다. 분명 미국에서 인간관계를 맺어가는 과정과 중국에서 인간관계를 맺어가는 방법은 다를 수 있다. 하지만 인간관계의 중요성은 어디나 같다.

중국의 과장된 꽌시라는 개념에 집중하다 보면 시간과 정력을 쓸데없이 낭비하면서 중국 공무원들 만나러 다니고, 괜히 몸 상하면서까지 술을 마시는 일들이 생겨난다. 그런 식으로 꽌시가 만들어지고 이를 통해 안 될 일이 된다고 한다면, 중국에서 술 잘 마시고 오래 살았던 순서대로 성공해야 한다. 하지만 결코 그렇지 않다는 것을 우리는 알고 있다.

사람들과 미리미리 꽌시를 만들어 놓으면 보험을 들어놓는 것이나 마찬가지라는 말들을 하지만, 비즈니스의 속도는 점점 빨라지고, 빨리 성과가 나지 않는 사업은 접을 수밖에 없다. 당장 필요한 것들을 얻어낼 수 있는 인간관계가 중요하지, 먼 훗날을 핑계로 사람들을 만나는 것은 이제 사치다.[36] 지금부터 필요한 것을 얻어 낼 수 있는 인간관계를 맺는 방법에 대해 생각을 해보자.

인간관계도

두개골을 열어서 인간관계를 들여다본다고 가정해 보자. 관계를 형성한다는 것은 타인의 좌표를 나의 인간 관계도 위에 매핑(mapping)하는 과정이다. 일반적으로 사람의 관계도는 다음과 같다.

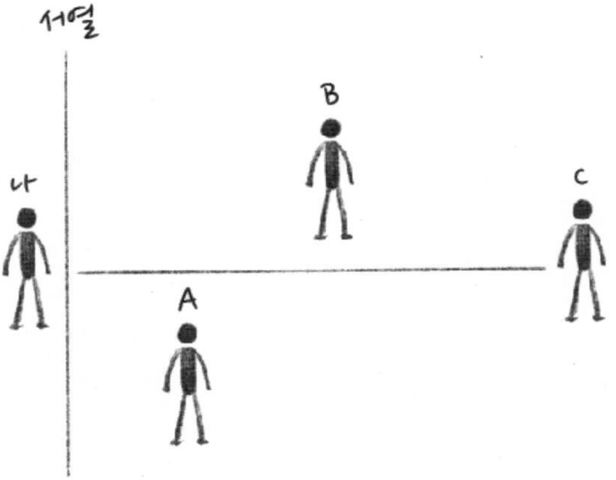

인간관계도와 좌표매핑

36 한 자릿수 성장률을 기록하고 있는 중국에서 기업들은 이제 내부 실속을 다지는 시기에 이르렀다. 아직도 중국인들은 꽌시가 중요하다고 말하지만, 막상 결정을 하는 순간에는 꽌시보다 '합리성'을 내세우는 분위기다. 합리적인 판단을 하지 않고, 꽌시만을 고려한 결정을 하는 사람을 이제 중국 사회는 서서히 단죄하는 분위기다. 따라서 당신이 공무원 친구를 잘 두었다고 해서 당신의 비즈니스가 쉽게 풀릴 것이라 생각하지 않는 것이 좋을 것이다.

세상은 나를 중심으로 타인들이 도표상에 점으로 나열되어 있다. 이 중 나와 가까운 타인이 있고, 나와 거리가 먼 타인이 있다. 그리고 나보다 서열상 위에 있는 사람이 있고, 같거나 밑에 있는 사람이 있다.

X축에서의 좌표는 '나와의 거리'다. Y축은 '서열'이다. 나보다 위에 있는 타인은 나보다 서열이 높은 윗사람이고, 낮은 위치에 있는 사람은 서열상 아랫사람으로 보면 된다.

그림에서 보면, 타인 A가 가장 가까운 사람이다. 나와 가장 친한 사람이라고 볼 수 있다. 그리고 서열상 아랫사람이다. 타인 B는 A보다는 덜 친하지만, C보다는 가까운 사람이다. 나에게는 윗사람이다. 타인 C는 나와 동등한 서열이지만, 친분의 거리는 가장 먼 사람이다.

비즈니스 측면에서 고려한다면, 타인 A는 나와 가장 가까운 사람이므로 C보다는 호의를 베풀기 쉽다. A와 B를 놓고 고민하는 경우도 있을 수 있다. B의 경우는 A보다 친근하지는 않지만, 서열이 나보다 높은 윗사람이다. 따라서 B를 무시하고 A에게 호의를 베푸는 것이 조금 망설여진다.

하지만 많은 경우 가장 가까운 사람에게 호의를 베푸는 것이 일반적이다. 즉, A가 B와 C에 비해 유리하다. 물론 동시에 B와 C가 청탁을 해오면 조금이라도 더 가까운 B에게 도움을 주기가 쉽다. 결국 모두 A의 위치로 이동하려 한다.

여기까지는 중국과 한국은 물론 전 세계 사람들이 비슷하다. 인간관계상 가까운 거리에 있는 사람에게 호의를 베푼다. 하지만 문

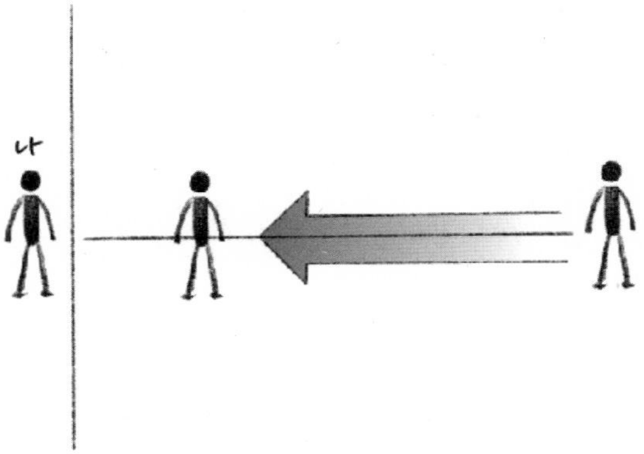

인간관계 형성 방향

화마다 X축과 Y축의 좌표를 결정짓는 기준이 다르다. 이를 연구해 보자.

한국인의 관계 매핑

한국인의 Y축은 '나이'다. 아무리 복잡한 인간관계도 나이를 통해 일단 큰 서열이 결정된다. 이것이 너무나 당연한 우리에게는 이상할 것이 없다. 이 나이를 통한 서열이 정리되지 않으면, 우리는 타인과의 대화가 어렵다. 우리말에는 존대어라는 것이 있어서 나이가 높은 사람에게는 존대해야 하는데, 상대방의 나이를 모르면 말문이 막혀버린다. 말을 놓아야 할지, 높여야 할지 고민하다가 입을 다물어 버린다. 예의 바른 사람들은 모두에게 존대하기 때문에 별 문제 없다고 할 수 있지만, 존대라는 것이 언어로만 표현되지 않기 때문에 몸짓, 억양 그리고 표정까지 어색해진다.

상대방의 나이를 알고, 자신의 나이와의 차이를 계산한 뒤에는 편안해진다. 나이 차이가 많으면, 깍듯이 존대한다. "식사하셨습니까?"라며 허리까지 숙인다. 나이 차이가 밑으로 많으면 아주 짧게 얘기한다. "밥 먹었어?"라고 말하면서 어깨를 툭 친다.

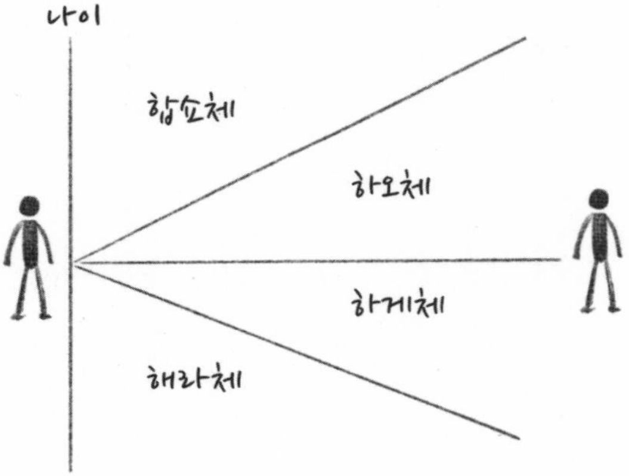

한국어의 존대어 종류

그렇기 때문에 우리나라 사람들은 나이를 물어본다. 처음 만나서 건네는 세 마디 안에 '몇 년 생이에요?'를 묻는다. 외국 사람들이나 서양 문화에 더 익숙한 사람들이 황당해하다 못해 무례하다고 생각하는 이 질문은 우리에게는 대화를 가능하게 하는 첫 단계다.

이제 X축을 살펴보자. 농경 문화 배경의 한국인은 혈연이 첫째다. 농사를 지으며 혈연끼리 몇 천 년을 살았다. 평생 동안 만나 볼 수 있는 사람이 한정되어 있다. 나의 가족은 나에게 가장 가까운 사람이고, 절대 믿을 수 있는 사람들이다.

그 다음은 학연과 지연이다. 생전 처음 본 사람이라도 같은 대학을 나왔으면 쉽게 가까워진다. 유교 문화에서 '공부를 열심히 해서 학교에 간다'는 것은 사람의 능력을 대표한다. 좋은 능력을 가진, 동문끼리의 유대관계는 그 어느 나라보다도 강하다. 지연은 혈연의 연장이다. 비록 가족은 아니지만, 가족공동체로 마을을 형성해서 살아가던 문화가 지연을 만들어낸다. '이 친구 우리와 같은 ○○ 출신이야'라는 말은 이 사람은 네가 믿고 가까이 해도 될 사람이라는 뜻이다.

마지막은 익숙함이다. 한국인들은 혈연, 지연 또는 학연이 없는 관계라 할지라도 오랜 시간 익숙해지는 과정을 겪다 보면 그 관계

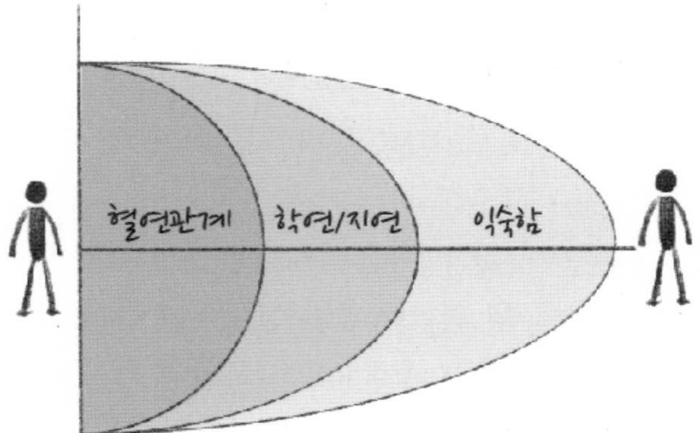

한국인 친근함의 기준 범위

가 돈독해진다. 정(情)이 드는 것이다. 옆집 이웃이나 아들 친구의 부모 등 익숙함이 마지막 인간관계의 범위를 정한다. 그 외의 사람들은 타인이다.

정리하자면 한국 문화의 인간관계 맺는 방법의 핵심은 형식이다. 친밀해지는 과정 또는 방법이 중요하다. 서로 어떻게 알게 되었으며, 어떤 시간을 보내면서 가까워졌는지가 매우 중요하다. 함께 같은 마을에서 함께 커 왔거나 함께 공부했거나 오랜 시간을 익숙해지면서 알게 되는 과정이 있어야 한다.

한국 사람간의 관계가 어떤 명분이나 이유 때문에, 예를 들면 돈으로 연결된다는 것은 감정에 대한 모욕으로 받아들인다. 내가 상대방을 돕는 이유는 '그 사람이 좋아서' 또는 '친하니까'라는 순수한 감정이 지배적이다. 또는 스스로 그렇다고 믿는다.

중국인 관계 매핑

중국에서 Y축인, 서열은 어떤 기준일까? 나이라고 보기는 어렵다. 설령 나이가 서열에 작은 영향을 미친다 하더라도, 우리나라와 같이 절대적인 기준이 되지 않는다. 나이라는 것은 지극히 형식적인 것이다.

중국에서 서열은 '고용관계'라고 볼 수 있다. 당신이 나의 고용주이고 나에게 월급을 주고 있다면, 당신은 내가 복종해야 할 사람이다. 이 고용관계는 나이 따위의 형식을 무시할 충분한 명분이다. 만약 두 사람이 고용으로 연결되어 있지 않다면, 두 사람의 서열은 없다고 봐도 무방하다. 어차피 우리 나라처럼 서열로 인해 생겨나는 존대어 체계가 중국에는 없다.[37] 물론 이 서열은 임시적이다. 그 사람과 당신 중 한 명이 고용 계약을 파기하는 순간, 둘 사이는 동등한 관계로 돌아간다.

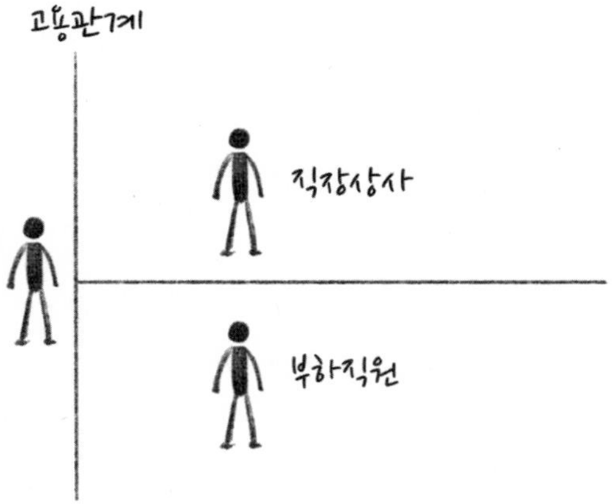

중국인의 서열관계

X축인 거리는 무엇으로 정의될까? 물론 가장 가까운 범위는 혈연일 수밖에 없다. 굳이 유교문화를 언급하지 않아도 혈연을 중요시하는 것은 모든 인류의 본능이다. 하지만 중국은 한국만큼 혈연, 학연, 지연이 강하지 않다. 폐쇄된 문화 속에서 살아온 우리와 다르

37 그나마 알려진 '닌(您)' 정도가 상대방을 부르는 존칭이다. 대신 다양한 방법으로 상대방을 높이는데, '종(总)'을 성 뒤에 붙여서 존칭을 쓰는 경우가 많다. 예를 들어, 왕(王)씨 성을 가지고 있는 사람에게 '왕종(王总)'이라고 부르면서 존칭하는 것이다. 물론 이것도 고용관계에서 주로 사용되는 존칭이다.

게 중국인들은 새로운 사람과 새로운 지역에 대한 거부감이 강하지 않다.[38] 그렇기 때문에 우리처럼 사돈의 팔촌까지 혈연으로 묶는 경우는 없다. 함께 자란 가까운 친척 정도가 혈연에 포함된다.

그 다음은 도와주어야 하는 '명분'을 주는 사람들이다. 쉽게 말해서 내가 도와야 하는 분명한 이유가 있는 사람들, 즉 나에게 도움이 되는 사람들이다. 중국에서는 그 어떤 형식도 명분에 앞서지 못한다. 그 명분을 만들어내는 가장 큰 요인은 이익이다. 상대방과 가까워짐으로써 내가 얻을 수 있는 이익이 클 경우, 사람들은 그 관계를 친밀하게 하려 한다.

중국의 인간관계에는 미엔쯔(面子)라는 새로운 개념이 마지막 범

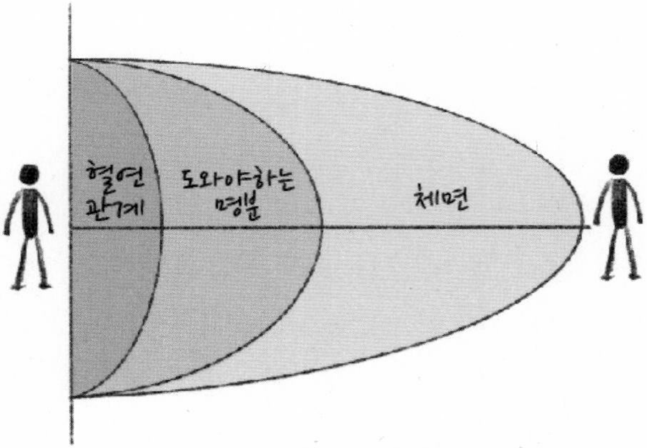

중국인 친근함의 기준 범위

38 이 모든 것들은 상대적인 것임을 다시 한 번 강조하고 싶다. 한국 사회와 비교를 하자면 약하다는 것이지, 절대적인 혈연, 학연, 지연이 약하다는 뜻은 아니다. 중국인에게 혈연에 대한 중요성은 미국인에 비하면 상대적으로 강하고, 인도인에 비하면 또 약하다고 보일 것이다.

위를 정의한다. 얼굴을 뜻하는 미엔쯔는 결국 '체면'을 의미한다. 체면을 세워 줘야 할 사람들은 나와 상관관계가 없는 타자와 구분된다.

인간관계를 활용한 비즈니스 성공전략—한국 vs 중국

이쯤에서 장황한 개념 설명을 끝내고, 한국과 중국에서 어떻게 인간관계를 맺어야 비즈니스에 도움이 될지를 정리해 보고자 한다. 앞서 얘기한 대로 인간관계를 맺는 가장 중요한 문제는 결국 어떻게 하면 결정권자에게 가장 가까이 위치할 수 있느냐이다. 경쟁자보다 더 유리한 결정을 얻어 낼 수 있기 때문이다.

한국에서의 방법은 대부분 다 알 것이다. 혈연이야 노력으로 되는 일이 아니므로, 지연과 학연을 어떻게 해서든 연결해서 그 사람과의 줄이 닿도록 안간힘을 써야 한다. 사촌에 당숙까지 대가며 같은 학교 동문을 찾아내어 친분을 과시한다. 하지만 이마저도 없으면 결국은 익숙함 또는 정(情)으로 승부한다. 시간을 들여서 그를 향한 당신의 정성을 보여주는 수밖에 없다. 찾아가서 식사 한 번 더 하고, 부탁한 것은 목숨 걸고 해준다. 조금씩 몇 달, 또는 몇 년에 걸쳐서 관계를 만들어간다.

하지만 이런 시간적 이유가 없는 한국인들에게 가장 쉬운 방법은 술이다. 앞서 말했듯 한국인들은 외부인에게는 꽤 폐쇄적이며 익숙해지기 전까지는 긴장을 늦추지 않는다. 그 긴장을 빨리 누그러뜨리는 데에는 술만한 것이 없다. 술 한잔 걸쳐서 얼큰해지면, 형님 하면서 얼싸 안아 본다. 둘이 취해서 엉켜 쓰러지고 정신을 잃을 정도가 되면, 그날부터 둘은 막연한 친구가 된다. 당연히 X축의 거리는 하루 아침에 급속도로 가까워질 수 있다.

중국은 어떠한가? 타인에서 체면을 세워 주는 관계로 넘어가는 과정은 그리 어렵지는 않다. 어느 정도 친분만 만들어 준다면, 체면 치례의 대상이 될 수 있다. 중국 커치(客气) 문화에서 체면을 차려준다는 개념은 얼굴이 익숙한 사람까지 확대될 수 있다.[39] 사실 우리의 '익숙함' 범위보다도 중국의 '체면'의 범위가 넓다.

문제는 그 다음 단계다. 어떻게 나를 도와줘야 하는 '명분'을 만들 수 있는가에 있다. 물론 '내가 분명이 이익을 줄 수 있는 사람'이라는 것을 인식시키는 것이다. 중국인들은 주변 사람들에게 값비싼 명품 선물을 하고, 식사 비용을 내고, 때로는 경조사에 후한 축의금을 건네기도 한다. 물론 남몰래 주고 받는 뒷돈도 이와 상관 있는 문화다. 결국은 내가 나눠 줄 수 있는 이익의 크기를 어필하는 것이다.

문제는 한국과 중국 사람들의 인간관계 형성의 방법이다. 중국은 인간관계를 맺어야 하는 '명분'이 중요하고, 한국은 맺는 '형식'이 중요하다.[40] 이렇기 때문에, 한국인과 중국인의 관계 형성이 어렵다. 한국인은 오랜 시간을 함께 하면서 정을 나누려고 하는데, 사실

39 커치는 중국에서 손님을 대하는 자세라고 풀이할 수 있다. 커(客)는 손님을 의미하고 치(气)는 자세를 의미한다. 지방마다 다르지만, 대부분의 중국인들은 외부의 손님을 대할 때는 자신을 낮추어서 손님을 극진히 대접하는 것을 미덕으로 여겨왔다. 주로 남이 권하는 것에 대한 사양이나 자신을 칭찬할 때 겸손함을 표현하는 것이 대표적이며, 같은 문화권인 우리나라와도 크게 다르지 않다.

40 이 명분과 형식의 차이는 인간관계뿐만 아니라 중국과 한국의 모든 일처리에 결정적인 차이를 설명하기도 한다.

중국인들은 분명한 명분이 만들어지기 전까지는 아무리 시간을 함께 보내도 관계가 가까워지기 힘들다. 중국인 직장 동료를 붙잡고 술을 마시고 마음속 얘기를 한다고 해도, 그 사람은 당신과의 관계가 친밀해졌다고 생각하지 않을 수 있다. 같은 대학을 나왔다고 해서 당신과 그는 끈끈한 학연을 만들 수 없을지도 모른다. 형식을 고집하지 않기 바란다.

물론 이 관계 형성 방법의 차이는 표면적으로 드러나지는 않는다. 중국인들도 호기롭게 펑요우(朋友, 친구)와 술 한잔 하자며 당신에게 다가올 수 있을지 모른다. 하지만 당신과 앉아서 술 한잔 기울이는 형식적인 것은 그들에게는 껍데기다. 왜 당신을 도와줘야 하는지에 대한 명분이 없으면, 당신은 체면 정도만 세워 주면 족한 사람일 뿐이다.

두 번째 문화 변수–문제 접근 방식

한국은 포지티브의 방식으로, 중국은 네거티브 방식을 통해 문제를 해결하려 한다. 문제 해결 접근 방법 중, 포지티브는 가능한 것을 정의하는 것이고, 네거티브는 불가능한 것을 정의하는 것이다.

예를 들어, '청소년은 물을 마실 수 있다'라는 명제는 포지티브다. 즉, 가능한 것을 제시한다.

반대로 '청소년은 술을 마실 수 없다'라는 명제는 네거티브다. 불가능한 것, 또는 금지된 것을 제시한다.

문제는 이를 적용하면서 나타난다. 청소년이 콜라를 마시려고 한다면, 두 접근 방식은 아주 다른 결과를 가져온다. 네거티브 방식을 적용하자면, 콜라는 술이 아니다. 그러므로 큰 문제 없이 넘어 갈 수 있다. 청소년은 오직 술만 마시지 않으면 되는 것이기 때문이다.

하지만 포지티브의 경우 문제는 복잡하다. 콜라는 물이 아니므로 가능한지에 대해 다시 고민을 해야 한다. 가능한 것만을 정의하는 포지티브는 해석과 검증의 시간을 요구하기 마련이다.

법률적인 적용에 흔히들 사용하기 때문에 법률적인 예로 설명을 이어 가겠다. 오래전 중국의 한 전자제품 생산기업이 의료서비스 시장에 진출하는 전략을 짜달라는 의뢰를 해왔다. 프로젝트 매니저였던 나는 중국인 팀원에게 산업자본이 공공 의료서비스 시장에 진출하는 것이 가능한지에 대해 법률적으로 검토하라고 지시했다. 며칠 뒤 그 팀원은 법률적으로 문제가 없다고 보고했다. 내가 '가능하다'라는 법 조항이 있는지를 물어보니, '불가능하다라는 조항이 없다'라는 대답을 했다. '가능하다'와 '불가능하지 않다'가 말장난처럼 느껴져서 짜증이 난 나에게 그 팀원은 '중국에서는 불가능하다라는 조항이 없으면 모든 게 가능하다'라는 것을 한참 동안 설명해 주었다.

또 다른 예를 들어보겠다. 지금은 누구나 사용하는 모바일 결제 시스템인 알리바바의 알리페이(支付宝) 또는 텐센트의 위챗페이는 이미 오래전부터 인터넷 지불 시스템으로써의 입지를 굳혀 왔다. 인터넷 기업이 은행 사업을 시작한 것은 2000년도 이전이니 이미 20여 년 전의 일이다. 하지만 이를 뒷받침하는 법률 조항이 생기고 확정된 것은 그보다 훨씬 뒤인, 불과 지금으로부터 몇 년 전의 일이다. 법률적으로 가능하다 가능하지 않다는 해석이 있기 전에 이미 수많은 기업들이 일단 은행업무를 시작했고, 그 중에 알리바바와 텐센트가 성공한 것이다.

비단 법률적인 해석의 문제만은 아니다. 중국인들은 많은 고민을 하면서 계획을 세우기보다는 일단 시작해 본다. 생각을 하면서 동시에 움직인다. 심지어 한 기업 내에서 똑같은 사업을 각기 다른 사업부들이 경쟁하듯이 시작하는 경우도 꽤 있다. 경쟁을 거쳐 빨리 성과를 내는 사업부가 살아남아서 사업을 통합, 관장하게 되는 일들이 흔하다.

처음부터 체계적이고 효율적인 관리를 중시하는 우리와 비교하면 사뭇 다르다. 같은 사업 기회를 두고 우리 기업이 생각을 하고 상세 계획을 세우는 사이에 중국 기업들은 이미 꽤 진도를 나간다. 바로 이 이유 때문에 중국 시장에서는 한국 기업들이 중국 기업들보다 항상 늦다.

물론 우리의 방법도 장점이 있다. 치밀한 계획과 검토가 시행착오를 줄일 수 있다. 하지만 느리다. 중국 지사의 주재원은 일단 보고서부터 쓴다. 안타깝게도 이들에게는 어떤 권한도 없다. 출장 기회를 잡아서 서울에 가서 보고를 한다. 본사 보고가 성공적일 경우, 더 높은 상급 임원 보고를 준비한다. 보고서에는 '왜 투자해야 하는지'와 '꼭 성공할 수 있는 방법' 등을 파워포인트로 약 100여 페이지에 걸쳐 상세하게 준비한다. 그렇게 어렵게 겨우 쥐꼬리만큼의 예산을 받아낸 사이, 이미 중국 기업은 투자 회수를 시작하고 있다.

세 번째 문화 변수—리더십과 조직 관리

기업을 이끄는 리더십에도 차이가 있다.

중국인들은 영웅에 대한 갈망이 있다. 중국인은 영웅이 세상을 바꾸고, 인민을 구하며, 비즈니스를 성공시킨다고 굳게 믿는다. 중국인들에게 가장 사랑받는 고전은 삼국지와 수호지이다. 물론 이들 고전은 인물 중심의 영웅전이다. 대부분의 도시에는 관우를 모시는 사당이 하나씩은 있다.

중국인에게 한 나라는 그 나라의 최고 통치자와 동등하다. 많은 중국인들은 우리도 기억이 가물가물한 한국의 역대 대통령들을 외우면서 한국에 대한 관심을 자랑한다. 2015년 중국 공산당 열병식에 참석한 우리나라 대통령이 화제가 되어서 한동안 서점에는 그의 전기가 베스트셀러가 되었다. 황당한 이유로 새로운 영웅이 탄생해버렸다.

중국의 역사 해석에서 영웅사관은 빠질 수 없다. 영웅주의적 역사 해석은 역사를 움직이는 주체를 영웅으로 해석하고 그들을 중심으로 역사를 이해하려는 태도이다. 역사를 해설할 때 가장 쉽게, 하지만 가장 위험하게 해석하는 방법이 바로 영웅을 중심으로 사건사고를 얘기하는 방식이다. 마치 우리나라는 단군 할아버지 혼자 건국했으며, 한국전쟁에서 맥아더 장군이 없었으면 한국은 전쟁에서 패했을 것이라는 식의 해석이다.

결국 중국인들이 원하는 리더는 영웅이다. 이바서우(一把手)는 최고 권력자를 의미하는데, 중국의 모든 조직에는 이바서우가 정해져 있다. 중국인들은 이바서우가 지략, 덕 그리고 관용까지 모두 갖춘 영웅이길 소망한다. 그래서 영웅의 말씀을 받들어 전쟁을 치른다.

비즈니스에서도 영웅주의와 이바서우는 당연히 존재한다. 한 기업은 그 기업의 창업자나 최고 경영자와 동일하게 취급한다. 한동안 스티브 잡스는 중국인의 영웅이었다. 일부 중국인들은 애플을 사는 이유를 스티브 잡스에서 찾았다. 애플의 성공은 스티브 잡스에 대한 사랑이 반절을 차지했는지도 모른다. 이제 우리에게 잘 알려진 알리바바는 시가 총액이나 매출면에서 중국의 최대 기업이다. 마윈은 이미 일선에서 물러났고, 알리바바의 수많은 사업들이 각기 다른 전문 경영인들을 통해 운영되고 있지만 여전히 중국 사람들은 알리바바와 마윈을 당연하게 동일시한다. 그리고 마윈의 어록을 인용해 비즈니스 문제의 해결책을 찾는다.[41]

작은 부서에서도 이바서우가 있다.[42] 부서원들은 이바서우가 자신들에게 비전을 제시하고 관용을 베풀기를 바란다. 매주 회의시간이 되면, 이바서우들은 직원들 앞에서 멋진 청위(成语)로 일장 연설을 시작한다. 별 내용은 없지만 직원들은 열심히 노트에 받아적는다. 우리나라의 설날인 춘지에(春节)가 되면, 이바서우들은 우리의 세뱃돈처럼 단 몇 원이라도 홍빠오(红包)에 넣어 직원들에게 나눠준다. 홍빠오를 나누어 주고 성대한 식사 자리를 준비하는 리더

41 이를 중국 기업들은 마케팅으로 활용하고, 중국인들은 열광한다. 기업의 광고에 제품보다는 창업자의 얼굴만 커다랗게 등장하는 경우가 많다.

42 중국의 조직 내에서 이바서우를 찾는 것은 아주 쉽다. 회의 시작 후 말을 혼자 하는 사람이 이바서우다. 한 사람이 말을 하고, 다른 사람들은 수첩을 펴고 앉아서 열심히 필기를 하고 있다. 이바서우는 조직을 대표하기 때문에 다른 사람들은 의견을 낼 필요가 없다. 간간히 이바서우의 말에 동의하거나 이바서우가 지명할 때만 입을 열면 된다.

에게 직원들은 아량이 넓은 영웅을 떠올리며 충성을 다한다.

중국 지사의 관리 전략—로컬화와 표준화

중국의 이바서우 리더십에 비교되는 한국의 리더십은 무엇인가? 한국의 리더십 스타일을 알아보기에 앞서, 우선 이를 설명할 몇 가지 개념을 먼저 짚고 넘어가려 한다.

로컬화(Localization)와 표준화(Standardization). 많은 글로벌 기업이 해외 시장으로 진출하면서 고민하는 두 가지 전략이다. 로컬화는 진출하는 지역의 특성을 이해하고 이에 맞게 변화하는 것이고, 표준화는 지역의 특성과는 상관없이 글로벌 표준을 고집하는 것이다. 두 가지 모두 절대적인 옳고 그름을 판단할 수는 없고, 모두 상황에 맞게 활용할 수 있는 전략이다.

KFC가 중국에 진출하면서 95%의 메뉴를 중국인의 입맛에 바꾼 것은 로컬화 성공의 예이고, 애플이 큰 변화없이 기존 모델들을 중국에서 그대로 판매한 것은 표준화 성공의 예다. 제품의 표준화는 동일한 제품을 각기 다른 지역에 판매함으로써, 연구개발은 물론 생산의 비용을 줄이는 효과를 얻는 것이다. 이 전략은 제품의 기술이나 브랜드가 우수할 경우 주로 사용된다. 애플의 브랜드와 기술은 세계 어디서나 통할 정도로 강력하다.

하지만 제품의 표준화와 로컬화 여부는 속해 있는 산업과 그 산업의 성숙도에 따라 제품을 로컬화할 것인가 표준화할 것인가를 고민해야 한다. 이 책에서 다루기에는 복잡하며 의도한 내용과 크게 상관없는 부분이므로 생략하기로 한다.

이 책에서 얘기하고 싶은 로컬화와 표준화는 관리 방법 측면이다. 위에서 언급한 KFC와 애플의 예는 제품에 대한 것이었다. 이에 비해 관리 방법에는 어떤 사람을 관리자로 세우고 어떤 직급 및 승진 체계를 갖추고 있는지 등 사람 및 업무 관리 프로세스를 모두 포괄하는 개념이다.

관리 방법의 로컬화는 주로 현지 중국인을 리더로 세우고, 이들 중국인들이 사람 및 업무 관리에 대한 전반적인 결정을 하도록 한다. 대부분의 미국 회사들은 관리의 로컬화를 선호한다. 앞서 얘기한 KFC, 애플, 스타벅스, IBM도 처음부터 또는 진출한 지 얼마 되지 않아 CEO들을 로컬에서 채용해서 운영을 해왔다.

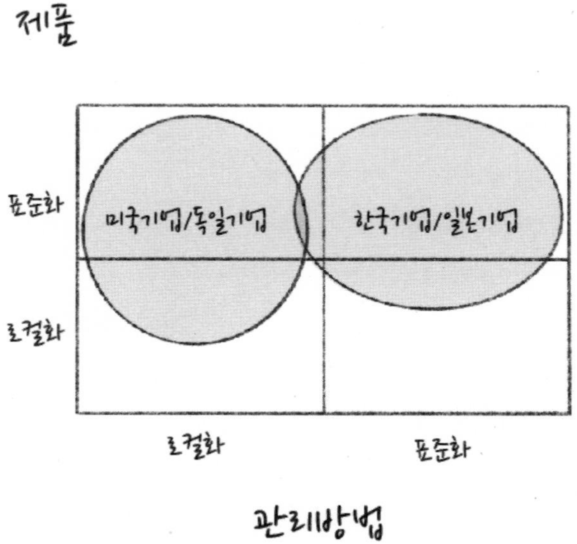

외국 기업들의 로컬화 / 표준화 전략 차이

관리의 표준화는 그 반대다. 본사에서 교육을 받고 업무를 해본 사람들이 지사에서 리더의 자리에 오른다. 중국 지사의 CEO뿐만 아니라 중간급 관리자조차도 모두 본사 출신의 사람들이다. 우리나라와 일본 회사들이 이에 해당되며, 요새 부쩍 해외 진출이 늘고 있는 중국 기업들도 관리의 표준화를 고집한다.

한국, 일본, 미국, 그리고 독일은 중국에 진출한 가장 많은 외자기업들을 배출한 탑4 국가들이다. 이들의 표준화와 로컬화의 선호도를 비교해 보자.

수십만 개의 한국 기업을 일반화하는 것은 어렵지만, 앞의 그림에서처럼 한국 기업은 제품과 관리 방법 모두 표준화를 고집한다. 미국과 독일도 제품에 있어서는 일정 부분 표준화한다. 하지만 관리는 로컬화를 선호한다. 다분히 동양과 서양의 문화적 차이에서 비롯되었다는 것을 알 수 있다.

더 깊이 파고들어 보자. 왜 우리나라의 기업들은 관리의 표준화를 고집하는 것일까?

첫 번째 이유는 한국 기업의 리더십 스타일이다. 한국 기업의 리더들은 대부분 업무 프로세스에 통달한 성실한 사람들이거나, 창업주와 혈연관계다. 모든 업무 프로세스는 한 명의 최종 의사 결정권자에게 빠르게 그리고 정확하게 보고하고, 그가 모든 결정을 할 수 있도록 만들어져 있다. 고객을 관리하는 최전방의 영업사원부터 최종 의사 결정권자에 이르는 수많은 보고 단계에서 그 방법이 표준화되어 있지 않으면, 이를 바탕으로 한 최종 결정은 정확하지 못할 수밖에 없다.

하지만 한국에서 일해 보지 않은 중국 사람들이 이런 프로세스에 익숙할 리가 없고, 이를 교육할 시간도 익힐 수 있는 시간을 줄 여유도 한국 사람들에게는 없다. 결국 한국 사람들이 직접 보고한다.

두 번째 이유는 문화와 언어의 문제다. 가족끼리 농사를 지으며 몇 천 년을 살아온 민족이 다른 사람에게 선뜻 곳간을 맡기지는 못한다. 내가 옆에서 오랜 시간 두고 지켜본, 믿을 만한 사람이어야만 작은 권한이라도 내줄 수 있다. 언어도 결정적인 문제다. 외국인과의 대화가 익숙하지 않은 한국 사람들은 안타깝게도 성격까지 급하다. 머리 아프게 영어 단어 찾아가면서 외국인에게 일을 시키느니 그냥 한국말로 소리 질러가면서 일하는 게 속이 편하다.

이런 이유로 한국 기업의 해외 지사에는 본사에서 일했던 한국인들이 관리직무를 맡고 있다. 그리고 이 표준화 관리 방법은 '주재원'과 '본사 보고'라는 두 가지 시스템으로 완성된다.

해외 파견 주재원 시스템은 오래전 외국에 나가기를 꺼려 하는 직원들을 독려하기 위해 몇 년 순환 근무를 하는 시스템이었다. 하지만 이제는 외국에서 근무 경험을 얻을 수 있고, 다양한 혜택(집값 보조 및 자녀 교육비 보조, 그리고 주재 수당)을 누릴 수 있는 희망 업무에 속한다.

주재 시스템을 이해하는 데 가장 중요한 핵심은 바로 정해진 임기를 채우고 다시 본사로 돌아가는 순환 보직이라는 것이다. 주재원은 본사와 지사에서 동시에 존재하고 이 두 곳을 위해 근무하는 독특한 역할이다. 물론 스스로는 지사에 나와 있는 동안 최선을 다해서 지사를 지원한다고 주장하겠지만, 본사 보고와 본사 출장자에 대한 의전에 정신이 없다. 한국으로 돌아갈 때까지 내 책상을 지키려면, 본사 사람들과의 끈끈한 유대 관계는 필수다.

본사 보고 시스템을 이해하는 핵심은 한국 본사에서 모든 것을 결정한다는 것이다. 앞서 여러 차례 언급했듯이, 보고에 있어 우리나라 기업들은 그 빈도수와 양에서 세계 일등이다. 중국 지사에 근무하는 주재원, 한국인 그리고 한국말을 하는 조선족 직원들까지 모두 보고 업무에 매달려 있는 것이 현실이다. 바꿔 말하면, 중국 지사에서는 결정 권한이 별로 없다는 것을 의미한다. 모든 것은 한국 본사에서 결정을 하기 때문에 정확한 보고를 하는 것이 중국 지사의 역할인 것이다.

① 주재원 제도—한국 본사를 위해 일하는 순환 보직

② 본사 보고—한국 본사에서의 의사 결정 지원

일본 기업들도 상당히 비슷한 시스템으로 관리를 하고 있다. 하지만 그 외의 나라 기업들은 두 가지에 대한 중요도가 현저히 낮다. 미국이나 독일 기업들은 주재원이라는 시스템을 운영하지는 않는다. 이미 2000년도 초부터 미국 기업들은 중국에서 외국인들의 특별수당도 서서히 줄이고, 모두 현지 채용으로 전환 중이다.[43] 즉, 본사에서 일을 하던 사람도 중국에 오게 되면 퇴사를 하고 다

43 이들에게 현지 채용이지만 교육비나 주거비가 지원되는 경우가 있다. 하지만 외국 기업에는 순환보직이나 보고 중심의 업무가 아니라는 점에서 우리나라의 주재원 시스템과는 차이가 크다.

시 입사를 하는 것이다. 이 경우 중국 지사를 위해 온전히 일할 수 밖에 없다.

본사 보고서도 마찬가지다. 외국 기업들에게도 보고는 당연히 있다. 본사가 지사의 업무를 파악하고 실적을 관리하는 것은 너무나 당연하다. 하지만 한국 기업의 보고는 '본사의 결정'을 요청하는 데 집중되어 있다. 중국 비즈니스를 하는 데에 쓰이는 예산, 새로운 직원을 고용하는 것, 마케팅 캠페인의 내용 등의 자질구레한 모든 것들을 보고하고 있다. 정기적으로 중국의 시장 조사나 특이점도 보고한다.

이에 비해 다른 나라 기업들의 보고는 간단하다. 내용은 비즈니스 실적에 집중된다. 간단하게 얼마를 벌 것이며, 얼마를 벌었고, 얼마를 썼다가 주된 내용이다.

많은 미국 또는 독일계 기업들은 중국 지사의 CEO를 중국인으로 고용하고 있다. 화교들이나 홍콩 및 대만 출신의 중국인들이 십 년 전까지만 해도 이들 기업의 임원 자리를 싹쓸이했지만, 이젠 중국 본토 출신이 최고경영자 또는 주요 임원 자리를 차지하고 있다. 이들 중국계 임원은 미국이나 유럽 기업 본사의 의사 결정 권한을 위임받아서 비즈니스 목표를 달성하기 위해 최선을 다한다. 그리고 성과를 가지고 평가받는다. 지극히 당연한 논리다.

우리나라 기업들도 간혹 중국인이나 중국계 임원을 모셔다가 뭔가를 해보려 한다. 대부분의 경우는 최고경영자가 아닌 그 밑의 임원급으로 중국인을 앉히고 구색을 갖춘다. 하지만 말 안 듣는 한국인 직원들에게 무시당하고, 본사 임원들에게 권한을 위임받지 못

한 채 허수아비로 지내다가 그냥 나가는 경우가 많다.[44]

물론 미국 회사의 중국 지사 임원 자리에 본사에서 일하던 미국 사람들이 다수 있을 수 있다. 하지만 모두들 몇 년 지나면 돌아가는 순환 보직이 아니다. 본사 보고에 매달리는 사람들도 아니고, 본사에서 손님이 온다고 의전을 도맡는 사람도 아니다. 열심히 일했으니 중국 나가서 쉬고 오라는 보상도 아니고, 골프 핸디를 줄이거나 자녀가 국제학교에서 영어를 배우는 기회를 받는 보너스가 있는 것은 더더욱 아니다. 대신 본사에서 추진했던 프로젝트를 중국에 수행하기 위해서 파견을 나와 있거나, 제품 개발이나 재무 총괄 같이 특별한 업무 때문에 중국 지사에 나와 있는 경우가 대부분이다. 하지만 지금은 이마저도 찾아보기가 힘들다.

주재원과 본사 보고로 대표되는 한국의 표준화 관리 방법은 중국 지사의 경쟁력을 약화시킬 수밖에 없다. 우선 중국 지사의 역할 축소가 가장 큰 문제다. 중국 지사가 한국 본사의 연락사무소 역할에서 벗어나지 못한다면, 중국의 비즈니스 다이나믹에 제대로대응할 수가 없다. 시시콜콜한 결정을 한국에서 해야 한다면, 중국 지사에 유능한 직원들을 대거 보내는 이유가 뭘까? 중국인들이 직접 팔

44 많은 한국 기업인들이 동의하지 않을 수 있다. 무능한 중국인들을 리더에 앉히고 중국 지사의 경영을 맡긴다는 것이 불가능이라고 투덜댈지도 모른다. 이런 분들에게 중국에 있는 미국이나 유럽계 기업을 방문해보기를 권한다. 말단 직원에서부터 최고경영자까지 모두 중국인이라는 것에 놀랄 것이다. 그리고 그들이 매우 중요한 업무(지사 철수 여부와 최고경영자 선정)를 제외한 모든 중요한 결정을 단독으로 직접하고 있다는 것에 또 놀랄 것이다. 중국인이 무능한 것이 아니라, 당신 회사에서 일하고 있는 중국인이 무능한 것(아니면 당신이 그들을 무능하게 만든 것)이라는 것을 알게 될 것이다. 좁디좁은 우물에서 이제 그만 나오기를 바란다.

걷어붙이고 덤벼들어도 승산이 있을지 모르는 중국 시장에서 유능한 직원들이 매일 한국에서 오는 출장자들의 접대로 아까운 시간을 낭비하고 있다는 것은 안타까운 일이다.

두 번째는 중국 직원들의 역할 축소다. 중국 직원들도 바보는 아니다. 주재원들과 자신들의 대우와 권한이 얼마만큼 차이가 나는지에 대해 아주 잘 알고 있다. 자신의 월급의 몇 배를 주택 보조로 받는 주재원들이 간단한 중국어 계약서 하나도 제대로 읽을 줄 모른다는 것을 아는 순간, 불만은 쌓인다. 몇 년 뒤 돌아가 버릴 주재원들과의 네트워크도 별 관심이 안 생긴다. 열심히 일해도 별볼일 없는 역할만 할 자신의 미래를 생각하면, 한국 기업에 오래 남아 있어야 하는 이유가 사라진다.

마지막으로 한국인이 분석한 내용을 한국에 있는 한국 사람이 결정하는 데에서 생겨나는 착오들을 언급하지 않을 수 없다. 몇 년 살면 중국어를 유창하게 하고, 중국 음식이나 중국 여행지에 대해 일가견이 생길 수는 있어도 중국 사람은 아니다. 그런 한국인에게 중국 시장의 문제들을 파악하라고 하고, 이를 100% 믿어버리는 것은 그야말로 위험한 모험이 아닐까?

한국적 리더십

다시 리더십 이야기로 돌아오자. 앞서 얘기했듯이 중국인들은 리더의 모습에서 영웅을 찾으려 한다. 중국의 리더십은 사람이 조직보다 앞선다. 직원들은 회사를 얘기하기 전에 영웅 같은 리더를 얘기한다. 한국은 그 반대다. 조직이 우선이라면서 사람은 조직 뒤에

숨는다. 한국 리더의 능력은 조직에 얼마나 융화되어 있느냐에 달려 있다. 중국 리더들은 자신에게 충성하라고 말하지만, 한국 리더들은 회사에 충성하라고 한다. 조직의 결정에 개인이 희생되는 것은 우리나라에서나 먹히는 미덕이다. 그래서 중국 직원들은 '회사에 이 정도는 충성해야 한다'면서 야근을 강요하는 한국 리더들을 이해하지 못한다. 그래서 꿈이 크거나 더 좋은 조건을 찾는 인재들은 한국 회사를 떠나버린다.

중국 지사에서도 많은 한국 리더들은 회의 시간에 소리소리 지르고 잡히는 대로 집어던진다. 그리고 저녁에 피곤에 쩔은 중국인 직원의 퇴근길을 붙잡고, 법인카드로 맥주 한잔 사면서 무슨 큰 아량이라도 베푸는 듯이 생색은 다 낸다. 그들은 아무리 대단한 명절이나 축하할 일이 있어도 자기 돈 들여서 홍빠오를 주는 것은 미친 짓이라고 생각한다.

몇 년 전 우리나라 한 대기업의 화북지역 전체 직원들이 모두 모이는 중요한 행사에 외부인 자격으로 초청되어 간 적이 있었다. 오전 반나절 동안 호텔의 가장 큰 그랜드 볼륨에 수백 명이 모이는 행사였다. 그 기업의 명성에 걸맞는 성대한 행사였다.

공식적인 행사가 아침 8시에 시작한다고 해서 10분 전에 행사장에 도착했다. 그 기업의 수백 명 중국인 직원들이 자리에 앉아 있었다.

그러나 행사는 시작하지 않았다. 10분이 지나고 20분이 지나고 한 시간이 지났다. 초청을 받은 나도, 직원들도 슬슬 짜증이 나기 시작했다. 모두들 바쁜 시간을 내서 각자의 업무를 잠시 미뤄 두고 나왔을 터인데, 왜 시작을 안 하는 것일까? 나는 슬쩍 행사 담당자에게 물었다.

"왜 시작 안 하는 겁니까? 벌써 한 시간이나 지났잖아요."

"아, 지금 높은 임원분들이 옆 방에서 회의를 하고 있어서요. 많이 늦어지네요."

"몇 명이나 모여 있는데요?"

"네, 한국 임원 7~8명이 모여 있어요."

사건의 전말은 밝혀졌다. 한국인 몇 명이 하는 회의가 늦어진다고 수백 명의 중국 직원들이 모두 자리에서 기다리고 있었던 것이다. 얼마나 중요한 회의인지는 몰라도 꼼짝없이 자리에 앉아 시간을 죽이는 수백 명의 중국 직원들은 안중에도 없는 것이 분명했다.

두 시간이 지나자, 드디어 사회자가 중국어로 말했다.

"지금 임원분들이 입장하고 계십니다."

이 한마디에 모든 직원들이 엉거주춤 일어나 입장하는 귀하신 분들을 맞았다. 그 임원들은 미안한 기색 하나 없이 고개를 뻣뻣이 쳐들고 들어와 제일 앞 열에 앉았다. 행사는 두 시간 늦게 시작되었고, 행사 내내 그 임원들이 한 것이라고는 그저 근엄한 꼰대 인상을 쓰고 앉아 있을 뿐이었다. 자신들을 인격적으로 대하지 않는 이런 한국인 임원들 앞에서 중국인 직원들이 사가를 합창하는 모습은 나에게 그야말로 코미디였다.

중국 생태계에는 중국 리더십

리더십과 조직 관리의 문제는 단순한 개개인의 성격이나 문화의 문제로 치부해버리기에는 너무나 치명적이다. 앞서 얘기했듯이 중국 지사의 한국인들은 불필요하게 많은 시간을 비효율적인 보고와 결정 및 이를 위한 회의에 사용하고 있다. 그리고 중국인들은 중요한 정보 분석이나 전략 관련 업무에서 차단되어 있다. 그래서 결국 중국인 직원들을 무능하게 만들다 못해 인재들을 내보내고 있다.[45]

비즈니스 성공에 한국적 리더십이 걸림돌이 된다면 걷어내야 한다. 생태계는 자발적으로 참여하는 직원들과 협력업체들이 있어야 운영되기 때문이다. 중국인들이 원하지 않는 리더십을 고집한다는 것은 사업을 접겠다는 말이나 다름 없다.

결국 중국인들이 중국인들을 관리하는 것이 가장 이상적이라고 볼 수 있다. 직원들과의 소통도, 파트너들과의 업무 협력도 중국 리더십이 필요하다. 이를 위해서 몇 가지 한국 기업이 생각할 점들이 있다.

오래된 한국에서의 기업 문화 관습이 하루 아침에 바뀔 수는 없다. 우선 중국 지사 경영진에게 세 개 이하의 목표만을 설정하자. 그리고 그 핵심 지표 성과에 집중하고, 너무 많은 것을 바라지 말자. 생각해 보면 결국 우리 모두가 원하는 것은 단 하나, 수익이 아닌가. 여러 가지 요구하다가 그 하나의 목표가 희석될까 두렵다.

물론 성과를 요구하면서 권한을 주지 않는 것은 바보짓이다. 새

45 얼마 전 중국인 후배가 우리나라 10대 기업 베이징 지사의 면접에서 실패하고 돌아오는 길에 연락을 했다. 면접에서 떨어진 이유를 물으니, 인사부 면접관이 후배에게 '중국인들 중에 오직 한국말을 하는 사람들만 채용한다'고 했다는 것이다. 주재원들이나 한국 본사와의 커뮤니케이션 때문이라는 설명을 덧붙였다고 한다. 이게 사실이라면 중국 사업에서 이 기업의 미래는 없다고 봐야 하지 않을까.

로 온 중국인 임원이 주요 요직을 자신과 가까운 중국인으로 싹 다 바꾼다고 해서 뭐가 그리 두려운가. 당신의 입지가 좁아질까 봐? 잊지 말자. 우리가 원하는 것은 바로 수익이다. 당신의 입지는 수익이 안 나오면 더 좁아진다. 나중에 중국인 리더가 성과를 못 내면 쫓아낼지라도, 그러기 전에는 성과를 낼 수 있도록 팍팍 밀어 줘야 한다.

중국 사람들은 기업가 정신(Entrupruenership)이 투철하다. 모두들 자신들의 사업을 꿈꾸며, 자신이 라오반(老板)[46]이 되고 싶다고 말한다. 중국인들은 자신의 사업을 해야 일자리가 보장되고 생활이 안정된다고 믿는 사람들도 많다. 사업을 생각하면 엄청난 리스크부터 떠올리는 우리와는 사뭇 다르다. 이런 사람들에게 늘 통역이나 시키고, 단순한 업체 관리만 시킨다면, 모두들 야심을 버리지 못하고 떠날 것이다. 그렇기 때문에 최고경영진은 물론, 중간 관리자 층에도 중국인을 늘리고 이들에게 걸맞는 권한과 책임을 줘야 한다.

연차와 나이도 잊는 게 좋다. 나이에 대한 한국인들의 집착은 비정상적이다. 나이가 많아야 연륜이 있고, 능력이 있다는 근거 없는 논리로 연차라는 시스템을 만들어냈다. 그런 연차와 나이를 기준으로 중국의 리더들을 판단한다면, 당신의 수많은 리더급 인재들을 평가 절하할 수밖에 없다. 중국 로컬 기업들은 중간 관리자에게 권한이 상대적으로 많은 편이다. 이 또한 빠른 경제 및 기업의 성장으로 인해, 업무가 짧은 시간 안에 폭발적으로 성장했기 때문에

46 일반적으로는 '상사'의 뜻이지만, '회사의 주인'으로도 많이 사용된다

불가피한 선택이었다. 이유야 어찌되었든 중국 기업의 젊은 중간 관리자들은 상부에 대한 보고에 신경쓰지 않고도 결정할 수 있는 사안들과 융통할 수 있는 예산이 꽤나 많은 편이다. 이런 잘난 인재들을 고용해 놓고는 나이 들먹이면서 무시하는 행동은 이제 그만 할 때가 되었다.

마치며

제로베이스 설계

스타 기업의 실패

오래전 가맹점 신화를 만들어내며 커피 체인스토어계의 스타가 된 브랜드가 있었다. 이 책에서는 편의상 '커피체인'이라고 부르겠다. 커피체인은 한국에서의 성공을 발판삼아, 야심차게 중국 시장에 진출했다. 각종 신문의 경제란에는 이 소식이 크게 실렸다. 커피체인은 중국의 파트너와 50대 50의 합작법인을 설립한 뒤, 2~3년 안에 스타벅스를 따라잡아서 중국 시장 점유율 1위의 커피 브랜드가 되겠다는 포부를 발표했다. 많은 사람들이 한국에서의 성공을 떠올리며 가능한 계획이라고 생각했다.

베이징의 한인타운 왕징(望京)에 1호점이 오픈하던 그날에는 성대한 인파가 몰렸다. 하지만 1호점으로 그치지는 않았다. 3년 만에 커피체인의 가맹점 수는 600여 개에 이르렀다. 600여 개의 매장을 단기간에 오픈한 기록은 대단한 것이었다. 대부분의 내로라하는 글로벌 브랜드들도 중국에서 첫 몇 년은 고전을 면치 못했으니 초기 확장에서는 이들 브랜드들을 이긴 셈이다. 참고로 스타벅스는 중국에서 600개의 매장을 오픈하기까지 12년이 걸렸다.

물론 한국 기업들의 홍보가 늘 그렇듯이 중국보다는 한국 신문과 방송에서 최고의 성공 사례로 대서특필되고 중소기업 지원 기관들에서 책자로까지 만들어져서 배포되었다.

그러던 어느 날, 그 많던 점포들이 순식간에 사라졌다. 비싼 입점료를 내던 쇼핑몰에서 문을 닫고 사라졌다. 그리고 그나마 남아 있던 점포들은 조금씩 그 이미지가 변질되기 시작했다. 제대로 조리되지 않은 음식을 제공하고, 심지어 몇몇 매장에서는 메뉴에 없는 중국 음식을 팔고 있다는 소문도 돌기 시작했다.

몇 년 뒤에 합작법인은 파산했다. 몇 년이 지난 지금, 커피체인 매장은 중국에서 찾아보기도 힘들다. 이미 비싼 임대료를 내는 쇼핑몰에서는 사라졌고, 변두리 낡은 점포들만이 간간이 보인다. 물론 매장 내부는 우리가 아는 예전의 커피체인이 아니다. 낡은 간판만 예전의 그 모습을 겨우 유지하고 있다. 소문에 의하면 인테리어 회사에게 대금을 지급하지 않아서 소송을 당하고, 가맹점주들이 브랜드의 횡포에 집단으로 항의하는 일이 빈번했다고 한다.

뭐가 문제였을까? 왜 중국에서 실패한 것인가?

초기 확장의 비결

실패 이유를 분석하기에 앞서 가맹 사업 모델[47]을 이해할 필요가 있다. 개인 사업자들을 모집해서 매장을 확산하는 개인 가맹점 모델의 성공은 얼마나 많은 훌륭한 개인 가맹점주들이 매장을 열고 운영하느냐에 달려 있다. 가맹 브랜드는 가맹점주들이 버는 수입의 일부를 가맹 서비스, 재료비, 교육비 등의 명목을 통해 거둬서 기업을 운영하기 때문이다. 기업의 입장에서는 사업 초기에 빠르게 가맹점 수를 늘릴 수 있다면, 사업 운영에 발생되는 비용에 대한 부담을 줄일 수 있다.

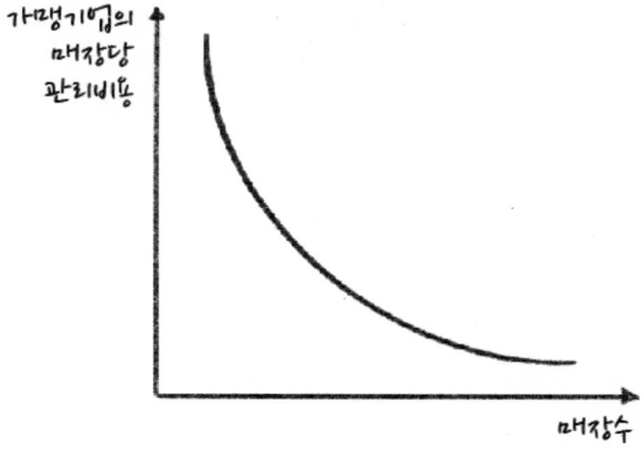

가맹기업의 입장에서는 매장 수가 늘어날수록 각 매장 관리하는 비용이 줄어든다

47 다점포 또는 오프라인 리테일 매장 사업을 운영하기 위한 사업 모델은 크게 직접 운영하는 방식과 가맹 방식으로 나뉘어진다. 여기서 가맹 방식은 개인과 가맹계약을 맺는 개인가맹과, 기업을 통해 운영하는 기업가맹이 있다. 물론 한 기업이 아닌 여러 기업들과의 계약을 맺는 절충안도 가능하다. 카페체인은 개인가맹 방식을 통해 한국에서 성공했고, 중국에서도 개인가맹으로 사업을 시작했다.

하지만 가맹점주들은 어설픈 가맹 브랜드는 쳐다보지도 않는다. 한국에서 귀한 퇴직금을 몽땅 투자하는 가맹점 사장님들도 당연히 하루 수익이 몇 백만 원은 보장해 줄 것만 같은 브랜드를 선택한다. 가맹사업의 어려움이 바로 이것이다. 들어보지도 못한 브랜드들은 가맹점주를 모집하기가 여간 어려운 것이 아니다. 결국 가맹 브랜드들은 어떻게 하면 브랜드를 예쁘게 포장해서 짧은 시간 안에 가맹점주들을 모을까가 관건이다.

다시 한국 커피체인 브랜드의 얘기로 돌아오자. 이런 어려운 가맹점주 모집을 커피체인은 손쉽게 해내고 말았다. 그 비밀은 최적 파트너와의 합작 모델이었다.

물론 대부분의 한국 기업들이 공동투자 형태로 중국 회사와 합작회사를 설립한다. 하지만 커피체인에게는 그 파트너 선정이 신의 한수였다. 합작 파트너는 바로 중국의 '중소기업'에 '투자'를 하는 기업이었다. 이 두 키워드가 성공의 열쇠를 설명해 준다.

중소기업에 투자를 해주는 회사라면, 당연히 수많은 중소기업인과의 네트워크가 있을 것이고, 이들을 활용해서 능력 있고 돈 있는 가맹점주를 찾는 것은 쉬울 것이라고 예상했을 것이다. 그리고 이 예상은 들어맞았다. 파트너가 가지고 있는 수많은 중국 소상인 네트워크는 가맹점주 확보에 최고 자원이었다.

투자 회사가 생태계에 제공할 수 있는 최대의 가치는 당연히 가지고 있는 돈이다. 게다가 이 투자회사는 매장을 오픈하는 비용까지 대출해 주었다. 돈이 부족한 가맹점주들에게 그 비용의 50%까지 대출해 주었다. 가맹점주 모집이 더 쉬워졌음은 물론이다.

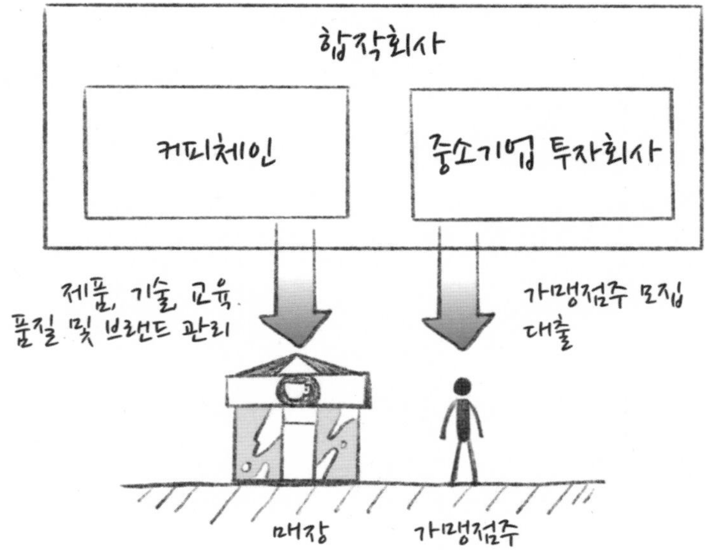

하나의 합작회사에서 커피체인과 중소기업 투자회사는 그 역할이 분명했다

결국 제품과 서비스는 커피체인이, 가맹점주 모집은 중소기업 투자회사가 도맡아 하는 전략이었다. 예상대로 가맹점주들이 몰려들었고, 순식간에 매장이 600여 개까지 늘었다. 시작은 훌륭했다.

창조 당시의 생태계

한때 600여 개의 매장을 자랑하던 커피체인의 생태계는 어떤 모습이었을까?

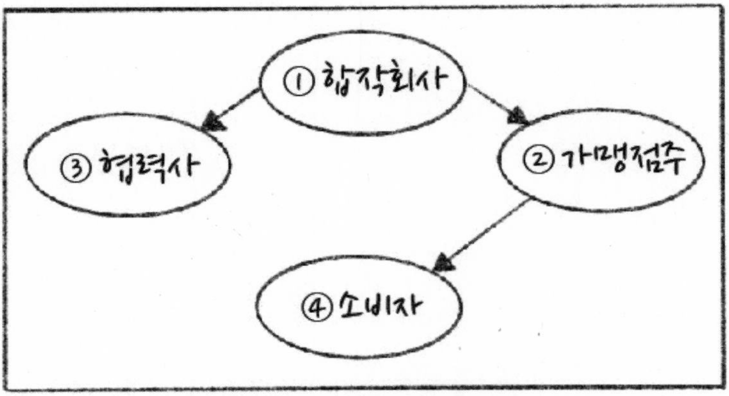

커피체인의 이상적인 생태계의 모습

커피체인이 설계했던 이상적인 생태계는 위와 같은 모습이었을 것이다. 개체 하나하나를 분석해 보자.

① 합작회사 : 커피체인과 중소기업투자회사가 50대 50으로 투자해서 설립했다. 이 회사는 커피체인의 도움을 받아서 매장의 위치 선정, 제품 기술 및 서비스 교육, 마케팅 지원 등을 하는 역할이었다. 두 기업이 모두 계약을 통해서 설립한 회사이므로 생태계 락인 전략은 결국 계약이었다.

② 가맹점주 : 중소기업 투자회사가 모집하고 투자 대출을 해 줌으로써 생태계로 진입했다. 이들 가맹점주들은 좋은 위치를 찾아 매장을 오픈하고, 직원을 뽑아서 매장을 운영하는 매우 중요한 역할이다. 락인의 전략은 수익성이다. 수익이 나는 매장의 점주들은 이 생태계를 벗어날 수 없다. 장사가 잘된다는 것은 가맹 계약보다 더 강력한 억지력이다.

③ 협력사 : 매장의 인테리어나 커피원두 등의 식재료 납품 기업들은 계약을 통해 생태계로 진입했다. 하지만 락인은 전체 매장의 수와 이들 매장에서의 매출이다. 매장이 많을수록, 그리고 많은 소비자들의 방문으로 매출이 증가할수록 협력사들은 일거리가 많아지고 돈을 번다. 반대로 매장의 수가 늘지 않는 경우 인테리어 업체들의 일거리는 줄어들고, 매장에서의 판매가 예상보다 적을 경우 식재료 업체들의 매출도 줄어든다.

④ 소비자 : 가장 중요한 개체다. 소비자가 없으면, 가치사슬의 근간이 무너지기 때문이다. 이들은 매장의 접근성과 제품 소비 경험에 락인이 된다. 즉 브랜드 이미지부터 가격, 서비스 그리고 매장 내 인테리어까지 모든 것이 하나의 경험으로 완성이 될 때, 소비자들은 락인이 된다. 소비자가 락인이 되어야 비로소 생태계는 완성되고, 자생할 수 있게 된다. 초원 없는 사바나는 있을 수 없다.

복잡한 것은 질색이므로 여기까지 정리해 보기로 하자.[48] 생태계 가치사슬의 설계는 한국에서의 모델과 크게 다르지 않았다. 한국에서의 설계도를 그대로 들고 와서 베꼈으므로 성공할 것이라 믿었을 것이다. 하지만 얼마 가지 않아서 하나씩 개체들이 멸종하면서 생태계가 급속히 무너졌다.

48 이 생태계는 정부 역할에 대한 특별한 고민은 없었던 것으로 보인다. 짐작컨데, 한국 생태계 가치사슬을 그대로 옮겨 왔다면 한국에서는 기업 생태계의 존립에 정부의 역할이 큰 영향을 미치지 않는다는 점을 고려하지 않았을 것이다.

진화 실패—개체의 멸종

창조된 생태계는 다양한 변수를 만나서 급속도로 퇴화했다. 앞서 얘기했듯이 이 생태계는 소비자들이 락인이 되지 않으면, 마치 도미노처럼 모두 쓰러질 수밖에 없는 구조다. 안타깝게도 소비자들은 커피체인의 생태계에 락인되지 않았다. 그들은 생태계 안에 존재하지 않았다. 이제 개체 멸종의 순서를 거꾸로 되짚어 보면서 원인을 분석해 보자.

a) 소비자의 멸종

앞서 말했듯이 소비자 락인의 방법은 매장의 접근성과 제품 및 서비스에서 얻는 경험인데 커피체인은 둘다 성공하지 못했다. 매장 수를 빠르게 늘리기 위해서 여기저기 매장을 여느라 정신이 없었지, 그 위치가 좋은지에 대한 고민은 부족했다. 사실 커피체인이 중국에 진출하던 시기에는 이미 대부분의 쇼핑몰 등 유동인구가 많은 좋은 위치는 모두 유명 커피 브랜드 매장들이 들어서 있었다. 이들을 쫓아내고 대신 그 자리에 들어간다는 것은 쉽지 않았다. 어떤 쇼핑몰이 스타벅스를 나가라고 하고 한국에서 온 생소한 브랜드를 입점시키겠는가? 이를 위해 엄청나게 월세를 올려주고 입점을 한 경우에는 월세에 대한 부담을 고스란히 가맹점주들이 감당해야 했다.

락인을 할 수 있는 또 다른 희망이었던 경험도 활용하지 못했다. 당시 매장에 들어서면, 한국의 커피체인 매장인지 중국의 매장인지 구별할 수가 없었다. 한국에서처럼 매장의 크기는 엄청나게 컸으며, 한국과 똑같은 인테리어를 고집했고, 로컬화된 메뉴나 서비스는 없었다.

물론 같은 인테리어에 같은 메뉴를 판매하는 것이 모두 잘못되었다고 보기는 어렵다. 고유의 운영방식과 맛을 지키는 것은 브랜드 정체성 관리에 기본이다. 하지만 이것은 브랜드 정체성이 이미 완성되어 있고 이를 선호하는 소비자층이 있다는 전제 하에서 사용될 수 있는 전략이다. 한국과 같은 인테리어와 메뉴가 과연 소비자 연구를 바탕으로 결정을 한 상황인지는 의심스럽다. 커피체인이 시작할 당시에는 물론 한국 소비자들의 경험을 관찰 분석한 후 만들어진 제품과 서비스였을 것이다. 결국 중국 소비자도 한국 소비자들과 모든 면에서 똑같을 것이라고 가정하고 있었음이 분명하다.

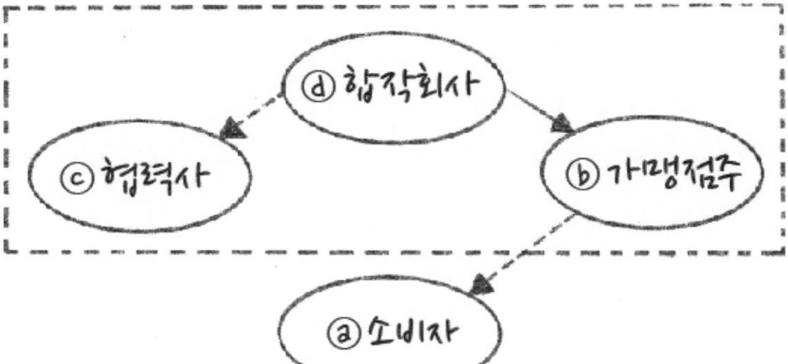

커피체인의 실제 생태계의 모습

결국 커피체인은 위의 그림에서처럼, 소비자를 생태계 안에 진입

시키지 못했다.

b) 가맹점주들의 멸종

계약은 상당히 강력한 락인이다. 하지만 소비자가 없는 생태계에서 자생적으로 개체들이 살아남기 위해서는 계약이 도와줄 수 있는 것은 그다지 많지 않다. 그저 다른 생태계로 도망가지 못하도록 할 뿐, 그들이 생태계 안에서 멸종하는 것을 막을 수는 없다. 멸종의 도미노가 시작되었다.

가장 근본적인 문제는 가맹방식이다. 커피체인은 1호점부터 모두 개인 가맹방식으로 매장을 오픈했다. 이 부분에서 많은 전문가들은 고개를 갸우뚱하게 된다. 가맹을 통해 매장을 확산하는 다른 기업들의 경우도 처음부터 개인가맹을 하는 경우는 드물다. 주로 중국을 크게 몇 개의 지역으로, 또는 성(省) 단위로 나누어서 지역가맹을 하거나, 주요 도시별로 도시가맹으로 시작하는 경우가 대부분이다. 이후 가맹점포들의 운영이 어느 정도 안정이 되면 확산의 속도를 내기 위해 개인가맹을 서서히 시작하는 것이 중국에서는 성공의 공식이다. 글로벌 기업들은 철저한 품질 관리와 중국 시장에 대한 학습을 이유로 초반에는 매장을 직접 운영하는 경우가 매우 많다.

일 년에 200여 명의 가맹점주를 찾아서 매장을 늘려간 것은 대단하지만, 매장을 여는 것과 매장을 잘 운영하는 것은 다르다. 매장을 무리하게 열다 보니, 검증되지 않은 가맹점주들이 늘기 시작했다. 3년 안에 모집한 600여 명의 점주들이 모두 커피와 제빵류를 판매하는 음식 서비스를 해본 경험이 있거나 할 만한 능력이 있다고 보기는 어렵다.

이 경우 커피체인은 능력이 부족한 가맹점주들을 도와서 매장의 운영을 지원해야 했지만 그렇게 하진 않았다. 오히려 가맹점주들에게 여러 가지 무리한 요구를 내세우며 수익성을 악화시킨 것으로 보인다. 예를 들어 매장의 크기에 대한 요구는 결정적인 멸종의 계기를 제공했다.

커피체인이 요구하는 매장은 일반적인 커피 매장보다 컸다. 고급 브랜드를 부각시키기 위해서, 그리고 매장 내에 조리시설을 갖춰야 하는 조건을 내세워서였다. 이도 한국에서의 기준을 그대로 베낀 것으로 보인다. 워낙 조리가 필요한 음식들이 많이 있었기 때문에 주방이 꽤 커야 했다. 결국 큰 규모의 매장을 찾기 위해서는 유동인구가 많은 좋은 위치에서 비싼 임대료를 각오하거나, 그것이 어려울 경우는 결국 저렴한 곳을 찾아 인적이 드문 안 좋은 위치에 매장을 열 수밖에 없었다.

조리해야 할 메뉴들이 많다는 것은 그만큼 숙달된 조리사들이 필요하다는 얘기다. 가맹점주들은 조리사를 추가로 고용해야 했고, 이들이 커피체인이 요구하는 수준의 조리 실력을 갖추기 위해 높은 임금을 주거나 고용 후 오랜 시간 교육을 시켜야 했다. 모든 것이 매장 운영 비용의 부담으로 고스란히 남았다.

중국에서 성공한 다른 기업들의 경우, 이런 문제들을 만나게 되면 생태계 모델을 진화시켜 나간다. 좋은 매장 위치를 찾기 힘들면, 매장의 크기를 줄이고, 이를 위해서 조리를 간소화하고, 이를 위해서 메뉴를 줄이는 등의 다양한 고민을 하기 마련이다. 이런 시행착오를 거치면서, 커피체인은 중국 소비자들과 비즈니스를 배우고 진화를 시켜나가야 했는데, 시행착오를 통해 개선시켜 나가기에는 이미 차려 놓은 매장이 너무 많았다.

결국 중국어로 번역한 메뉴판에는 팔리지 않는 메뉴들이 대부분이었다. 중국 소비자들의 선호도는 무시한 채, 한국에서의 메뉴들을 그대로 판매하라고 요구했다. 결국 팔리지 않는 메뉴들을 준비하기 위해 식재료를 구매하고 다시 폐기하는 비용이 증가하기 시작했다.

가맹점주들은 수익성이 안 나자, 커피체인의 말을 듣지 않기 시작했다. 게다가 끊임없이 교육비나 판촉지원비 등 여러가지 명목으로 추가 비용을 요구하자, 가맹점주들은 폭발했다. 결국 가맹점주들은 브랜드를 버렸다. 매장은 메뉴얼과는 상관없이 제멋대로 운영되었고, 장사가 안 되니 몰래몰래 중국 음식을 파는 매장도 생겨났다. 결국 커피체인의 브랜드 이미지는 수직 추락했다.

c) 협력사의 멸종

협력사의 락인은 매장의 수와 각 매장의 매출로 강화된다. 그렇기 때문에 소비자와 가맹점주들이 멸종하자 협력사도 고사하기 시작했다. 손님이 없는 점포에서 식재료 수요는 당연히 줄었을 것이다. 게다가 인테리어 회사들이 커피체인 합작회사로부터 서비스 대금을 받지 못한다는 소문이 이어졌고, 실제로 소송이 있었다. 점점 생태계는 오염되어 구린내가 나기 시작했다.

d) 합작회사의 멸종

앞서 언급한 개인가맹 방식의 어려움을 다시 짚어 보자. 일 년에 200개의 매장을 오픈한다는 것은, 일 년에 200여 명의 가맹점주들을 철저히 검증하고, 오픈할 매장 위치를 찾아줘야 하고, 매장 직원들을 뽑고 이들을 교육하고, 조리사들에게 와플이나 바닐라라테를 만드는 법을 하나하나 가르쳐야 한다는 의미다.

따라서 첫 몇 달은 커피체인의 합작회사 직원을 매장에 파견해서 매장 관리나 고객 서비스를 교육시켜야 한다. 결국 개인가맹은 매장을 오픈하고 끝나는 것이 아니다. 그 이후에도 끊임없이 이를 관리해 주지 않으면 가맹점주는 적자에 허덕이고, 가맹회사도 돈을 벌지 못할 뿐더러 파리 날리는 매장의 이미지가 결국은 브랜드까지 타격을 입힌다. 결국 합작회사는 수많은 유능한 직원들을 고용하지 않으면 안 된다.

하지만 커피체인은 그 정도로 중국 사업에 투자하지 않았다. 많지 않은 직원들이 매장 하나하나 일일이 쫓아다니며 도와주는 것은 불가능했을 것이다. 그럼에도 불구하고, 그들은 뼈 빠지게 하루하루 매장을 돌면서 가맹점주들의 요구와 불평에 치여 가며 살았을 것이다.

앞서 얘기한 대로 가맹점 수만 많고 장사가 안 되면, 가맹기업이 벌어야 할 돈을 벌지 못할 뿐더러 점주들의 불만을 받아내느라 직원들만 고생한다. 슬픈 예감은 틀리지 않는다. 합작기업의 직원들은 600여 개의 점주들로부터 시달리고 월급을 제대로 받지 못했다. 시작 이후 얼마 안 가서 중국 직원들이 3분의 1로 줄었다고 한다.

소비자가 떠난 생태계에는 계약서들만 남았다. 서로를 계약으로 잡아 두려고 했지만, 오염된 생태계에는 악취가 진동했다.

지금 돌이켜보면 커피체인은 중국 비즈니스의 생태계 따위는 안중에 없었던 것으로 보인다. 오직 관심은 어떻게 하면, 짧은 시간 안에 수많은 매장을 오픈하는 것인가였다. 그 외의 부분들은 매우 무지했거나, 아니면 대수롭지 않은 것들로 무시했을 것으로 짐작된다.[49]

개체	초기의 락인 설계	결과
합작회사	계약 (커피체인 / 중국투자회사)	실패–파산
가맹점주	브랜드 인지도, 매장의 수익성, 계약	실패–수익성 악화
협력사	매장 수, 매장당 매출, 계약	실패–수익성 악화, 소송
소비자	위치, 경험	실패–매출 악화

성공 사례—스타벅스의 생태계 진화

스타벅스라고 해서 중국에 처음 진출했을 때부터 모든 것이 완벽하지는 않았을 것이다. 중국 시장과 소비자를 잘 이해하고 진출하는 외국 기업이 있을 리 없다. 결국 진출 전의 전략을 진출 후에

49 당시의 중국 진출 프랜차이즈들의 공통점이 있다. 대만이나 일본의 많은 프랜차이즈 브랜드들이 중국 시장에 정신없이 진출할 때 공통점이 바로 자국에서 주식 상장을 앞두고 있었다는 것이다. 그리고 중국에서의 성공을 발판삼아 자국 주식시장에서 아름다운 데뷔를 하면서, 돈을 쓸어담는 예들이 있었다. 그래서 한때는 중국시장 진출이라는 스토리가 주식시장 상장 성공의 결정적인 요인이었다. 아마도 커피체인도 같은 꿈을 꾸고 있었던 것으로 짐작된다.

경험을 통해 얻은 학습을 활용하여 수정하고 진화하느냐가 성패를 좌우한다.

스타벅스는 중국을 세 개의 지역으로 나누어 마스터 프랜차이즈(master franchises)라고 불리는 지역가맹 방식으로 운영했다. 이 지역가맹 기업들은 스타벅스가 5%의 지분만을 유지하고, 각기 다른 3개의 중국 기업들과 함께 설립한 합작기업들이었다. 중국 기업들, 정확하게 말하면 화교 기업들이 대주주인 지역가맹사들이 매장을 오픈하고 관리하고, 스타벅스는 메뉴, 인테리어, 직원 교육을 맡았다. 커피체인과 비슷한 역할 배분이었다.

십여 년 넘게 합작기업 형태로 지역가맹 방식을 운영한 후 스타벅스는 합작기업의 지분을 조금씩 사들여서 합작기업을 100% 스타벅스의 자회사로 변경했다. 이제 지역가맹은 존재하지 않는다. 이제는 몇 천 개의 모든 매장을 스타벅스가 직접 운영하고 관리한다. 초반의 합작기업을 통한 지역가맹 방식은 중국의 비즈니스를 배우면서 빠른 확장을 하기 위한 것이었다. 하지만 커피 시장이 성숙해지고 경쟁이 치열해지자 전략을 바꾸었다. 소비자들에게 최고의 경험을 주기 위해 직접 운영에 나섰다. 매장의 품질과 서비스 관리는 물론, 매장을 방문하는 소비자들의 데이터를 직접 수집 및 분석을 하여 더 나은 마케팅을 하기 시작했다.

그리고 중국 정부를 생태계에 적극적으로 끌어들였다. 운남성(云南省)에 중국 정부와의 합작회사를 세우고 커피빈을 생산하기 시작했다. 커피농장을 운영하고 이를 판매하는 기업을 중국 정부와 함께 운영함으로써 정부를 사업 파트너로 만든 것이다. 한몸이 된 중국 정부의 지원 하에 조금 더 안정적으로 중국 전역으로 매장을 확장하게 된 것은 물론 중국 내에서 생산하는 커피빈을 저렴하게 공급받게 되었다.[50]

2010년대에 들어서면서 중국 커피 시장이 폭발적으로 성장하기 시작했다. 스타벅스 매장 수의 증가 속도가 중국인들의 커피 수요 증가 속도를 따라오지 못하자 시장 안으로 경쟁 회사들이 비집고 들어오기 시작했다. 경쟁사가 늘어나자 매장 수의 확장이 어려워지고 매장 운영의 비용이 늘어나면서 스타벅스는 또다시 진화해야 했다.

당시 매장 수의 확장은 앞서 얘기한 커피체인이 겪은 어려움이었다. 매장을 오픈할 자리를 찾기가 힘들어졌다. 기존에 고집하던 크기의 매장을 찾다 보니 이미 유동인구가 많은 위치는 어느새 경쟁 브랜드 매장들이 차지하고 있었다. 결국 큰 매장을 포기하고, 작은 매장을 늘려가는 것으로 결정했다.

작은 크기의 매장, 즉 키오스크(kiosk) 매장들을 열기 시작했다. 중국의 쇼핑몰은 더 이상 늘지 않고 있고, 이미 포화상태인 일반 커피 브랜드들과 매장 위치를 가지고 싸우는 것을 포기했다. 대신 몸집을 작게 해서 도심 곳곳에 있는 사각지대에 들어서기 시작한 것이다.[51]

50 중국 정부 또는 산하기관과의 합작은 맥도날드를 비롯한 다른 글로벌 기업들의 확장에서도 자주 발견된다. 중국 정부를 파트너로 만드는 가장 좋은 방법이다.

51 지금 중국에서는 스타벅스의 무인판매대를 곳곳에서 볼 수 있다. 더 작은 규모로 운영비용을 대폭 줄인 실험적인 도전이다.

스타벅스 키오스크 매장과 일반 매장 비교

이를 위해 스타벅스는 매장 내의 조리를 극소화했다. 매장에서 조리를 하지 않는다면, 결국 다른 곳에서 조리된 음식을 제공 받아야 한다. 결국 지역별 가공 공장을 확장해서 음식을 조리 후 운반했다.

하지만 워낙 넓은 지역에 퍼져 있는 매장들에 수많은 메뉴를 공급하는 것은 쉽지 않았다. 지역 가공 공장에서 매일 운반하는 것도 부담이 되기 시작했다. 그래서 매장 내의 음식들은 오래 보관 가능한 포장 중심의 제빵류로 바꾸었다. 매장에서는 간단히 음식을 데워주는 수준으로 제공했다. 메뉴의 화려함과 맛은 덜하지만, 비용이 절감되었다. 포장 중심의 제품을 제공함으로써 매장 내의 품질 관리도 쉬워졌다.

현재 진행 중인 스타벅스의 진화

비즈니스 세계에서 영원한 승자는 없다. 스타벅스는 이제 새로운 도전에 직면해 있다. 중국 로컬 브랜드인 루싱(瑞幸)커피는 스타벅스보다 약하지만 중국인들이 사랑하는 온라인을 파고 들었다. 사업 컨셉은 간단하다. 모바일 앱으로 주문하면, 스타벅스보다 빠르고 저렴한 비용으로 문 앞까지 배달한다. 놀랍게도 배달 위주의 오프라인 매장은 이 글을 쓰고 있는 2021년 봄에 무려 4800여 개 넘게 오픈했다. 이런 기세다 보니 2019년에는 미국 나스닥에 상장까지 할 정도였다.[52]

스타벅스의 생태계에도 물론 타격이 있었다. 아무리 많은 스타벅스 매장들이 골목마다 들어서 있어도, 손가락을 까딱까딱하면서 모바일로 주문하는 것을 사랑하는 중국인들은 루싱커피를 주문하기 시작했다. 물론 나스닥에 상장한 자국 브랜드 커피를 주문하려는 애국심 또는 호기심도 한몫했으리라 본다. 결국 2018년에 스타벅스는 중국 진출 후 처음으로 성장세가 줄었다. 늘 10% 이상의 매

52 물론 2020년 분식회계가 들통나서 기업의 신뢰도는 바닥까지 내려간 상황이지만, 커피 주문은 줄지 않는 듯 보인다.

루싱커피

출 성장세를 자랑하다가 2018년도에는 1%의 성장으로 주저앉은 것이다.

하지만 스타벅스 생태계의 진화는 여기서 멈추지 않았다. 그동안 오프라인 매장에서의 소비자 경험에 신경쓰느라 등한시했던 온라인 주문 배달 능력을 키우기 시작했다. 물론 스타벅스는 역시 똑똑했다. 무턱대고 팔 걷어부치고 온라인 사업을 혼자 해보겠다고 덤버들지 않았다. 대신 온라인의 최강자인 알리바바를 생태계로 끌어들였다.

하지만 스타벅스 입장에서 이 결정이 쉽지는 않았을 것이다. 그 규모와 능력을 고려했을 때, 알리바바는 얼마든지 스타벅스의 경쟁 브랜드를 만들어낼 수 있는 잠재적인 경쟁사다. 그런 알리바바에게 스타벅스가 가지고 있는 노하우와 비밀을 공유해야 하는 부담이 있다.[53] 하지만 스타벅스는 알리바바와 같은 기업의 도움 없이는 온라인 시장에서 빠르게 성장하는 루싱커피를 이길 수 있는 방법이 없다는 것을 알고 있었다.

리테일 파트너로서 알리바바는 스타벅스의 온라인 채널을 재정비하는 것은 물론, 배달 전문 매장을 오픈하기 시작했다. 이제 스타벅스의 생태계는 가장 강력한 온라인 파트너와 함께 다시 전성기를 회복 중이다.

한국인들이 가지고 있는 '중국을 잘 안다'는 자만감이 미국 사람에게는 있을 리 없다. 스타벅스는 '아무것도 모른다'는 제로베이스 사고를 바탕으로 겸손하게 중국 사업을 시작했다. 지금까지 중국인들이 최고경영자로서 중국 스타벅스를 이끌고 있으며, 이들이 끊임없이 변화하는 중국 비즈니스 상황을 예의 주시하면서 생태계를 진화시켜 가고 있다. 지금도 중국 스타벅스는 매년 500개 이상의 매장을 열고 있고, 2023년까지 6000여 개 매장을 목표로 하고 있다.

제로베이스 사고

현재 많은 한국 기업인들이 중국에서 다양한 어려움을 겪고 있다. 그리고 그 어려움의 이유를 중국 시장에서만 찾고 있다. 코로나로 출장이 어려워져서, 중국의 경제성장의 속도가 느려져서, 중국 정부가 더 이상 외자기업에게 혜택을 주지 않아서, 또는 그 정부의 보호 속에 커져버린 중국 기업들의 경쟁력 강화를 얘기한다. 모두

53 아마도 한국 기업들에게 이런 대담한 결정을 신속하게 내리는 것을 기대하기는 매우 어려울 것으로 보인다. 중국 지사의 빈약한 권한과 느린 보고-결정 체계가 지속되는 한 말이다.

틀린 말은 아니다. 하지만 그 어느 것도 근본 원인이 아니다.

근본 원인은 한국 시장에서 고착된 우리 기업의 비즈니스 모델과 우리들의 마인드다. 한국에서 이뤄낸 성공을 그대로 복사하면 된다는 안일한 생각이 만들어낸 결과다.

중국 최고의 기업이라 불리는 알리바바의 성공 원인을 분석하는 책들이 넘치고 넘친다. 영웅을 사랑하는 중국인들에게 마윈 연구는 한때 기업과 개인을 막론하고 유행이었다. 그 중 마윈의 '물구나무서기'는 성공의 비결 중 하나로 꼭 꼽힌다. 세상을 거꾸로 보면서 발상의 전환을 꾀한다는 것인데, 어이없게도 알리바바 직원들은 얼마 전까지도 규칙적으로 시간을 정해서 물구나무섰다고 한다. 비유로 받아들이지 않고 실제로 물구나무서기를 했다는 것은 우습지만, 발상의 전환을 계속 노력했다는 것은 정말 높이 살 만한 대목이다.

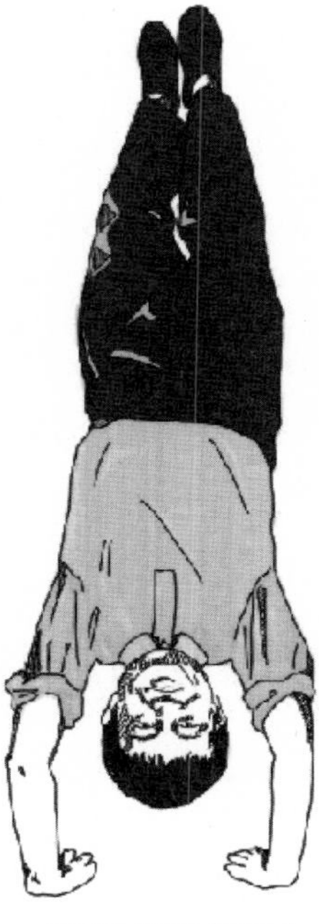
마윈의 물구나무서기

중국인들이 존경하는 알리바바는 끊임없이 뭔가를 시작해낸다. 뭔가를 시작하는 것은 무에서 유를 창조함을 의미하는데, 절대 쉽지 않은 과정이다. 수만 명의 직원이 일하고 있고 이미 시가 총액 기준 세계 10대 기업으로서 주주들의 이해 관계가 얽혀 있는 알리바바와 같은 기업에게는 더더욱 어려운 일이다.[54] 하지만 알리바바의 성공 요인은 바로 이 뭔가를 끊임없이 창조해내려고 노력하는 자세라고 본다.

몇 년 전 알리바바는 허마셴셩(盒马鲜生)이라는 유통 브랜드를 시작했다. 오프라인의 신선제품 유통을 온라인에 접목시킨 것인데, 그 아이디어는 다음과 같다. 당신은 스마트폰으로 드라마를 보다가 홋카이도산 털게를 먹는 모습을 보고는 그것을 꼭 먹어야겠다는 생각에 사로잡혔다고 가정해 보자. 당신은 스마트폰에서 보던 드라마 화면에 링크되어 있는 쇼핑 앱을 열어서 털게를 홋카이도 직송으로 주문한다. 동시에 요리가 자신없는 당신은 요리 출장 서비스까지 함께 주문한다. 다음 날 요리사가 오후 5시에 살아 움직이는 털게를 들고 집을 방문한 후, 당신의 주방에서 요리를 해주고 떠난다.

이 비즈니스 모델은, 알리바바가 강한 인터넷 쇼핑 모델을 근간으로 하고 있지만, 그 까다롭다는 신선제품 오프라인 유통이 그 핵심이다. 물론 소비자 컨텐츠와의 연계도 빼 놓을 수 없다. 알리바바는 이미 엄청난 생태계를 구축하고도 끊임없이 제로베이스에서 고민하고, 완전히 새로운 것을 시작한다. 알리바바는 이를 산업재창조(industry re-invention)라는 주제 하에 다양한 시작을 해내고 있다.

54 물론 알리바바와 같이 투자자들로부터 인기가 있는 인터넷 기업에게는 쉬워 보일 수는 있다. 알리바바가 늘 새로운 것을 시작하고 성공해서 투자자들의 사랑을 받는 것인지, 아니면 넘쳐나는 투자금이 있어서 새로운 것을 시도하는지는 알 수 없다. 중요한 것은 투자자들로부터 적극적인 지지를 받으며 새로운 것을 성공시키고 있는 것은 분명하다.

盒马

有盒马购新鲜!

허마센셩 로고

당신이 상대하는 중국 기업이 바로 이렇다. 중국 정부가 밀어주기 때문에 겨우겨우 살아남는 기업이 아니고, 중국 경제 성장률에 좌지우지되는 기업도 아니다. 중국 기업은 잘하고 있음에도 계속 제로베이스로 사고하고, 이미 있는 것도 새로 창조하고 시작하는 마당에, 우리 기업들이 한국에서의 성공 공식을 고집하는 것은 안쓰럽다.

지금 하고 있는 모든 비즈니스를 제로베이스 사고로 잠시 들여다보기를 권한다. 아무것도 모른다는 마음가짐으로 나의 생태계 구조를 분석해보는 것이다. 바빠 죽겠는데 한가하게 그럴 시간이 없다고 불평한다면, 무너져가는 생태계에서 쓸데없이 바쁘게 살다가 멸종되면 된다.

팔을 걷어붙이고, 생태계를 화이트 보드에 그려 보기를 제안한다. 그 생태계의 최종 소비자는 누구인지, 참여 기업들은 누구인지, 환경을 만들어내는 정부를 얼마만큼 이해하는지, 그리고 이 생태계의 락인은 존재하는지. 하나 하나 브레인 스토밍해 보기를 권한다.

가급적이면 중국에서 오래 일한 사람과 중국을 전혀 모르는 사람을 함께 모아서 해보는 것이 효과적일 것이다. 중국을 잘 안다고 자부하는 사람치고, 중국 사업을 위한 제로베이스 사고를 할 수 있는 사람은 없다. 더 좋은 것은 다른 개체들과 함께 브레인 스토밍하는 것이다. 협력사 직원도 초대하고, 가능하면 소비자도 초대해서 머리를 맞대고 화이트 보드에 생태계의 연결고리를 쓱쓱 그려보자.

우리 기업은 어떤 역할이고, 다른 개체들과의 가치사슬이 어떻게 연결되어야 하는지. 어떻게 각 개체들이 자율적으로 참여하게 되며, 락인시켜서 못 나가게 할 것인지를 고민해보자. 그리고 모두 살아남을 수 있는 동적인 평형상태를 이루는 방법을 찾다 보면, 알게 될 것이다. 생태계는 나 혼자 잘나서 살아남는 제로섬(zero-sum) 게임이 아닌, 생태계의 개체들이 함께 공존하는 윈윈(win-win) 게임이라는 것을. 그렇게 되어야만 당신의 중국 비즈니스도 살아남을 수 있다.

2019/10
2019/11
+11.93%
+1.90%
Weekly Monthly Quarterly Yearly
211.20

부록

애플의 생태계

애플의 생태계

애플은 스마트폰을 만들고 소비자에게 판매한다. 스마트폰 외에도 몇가지 모바일 제품을 판매하기 때문에 주력 사업은 언뜻 모바일 기기들로 보인다. 물론 누구나 다 가지고 있는 스마트폰과 같은 모바일 기기는 이미 첨단기술로 무장한 전자제품이 아닌, 소모품으로 인식이 바뀐 지 오래다. 시장 진입 장벽이 낮아진 덕분에 치열한 경쟁으로 인해 제품의 수익성은 낮아지고, 큰 고민 없이 소비자들이 쉽게 사고 쉽게 바꾸는 제품이다. 결국 기업 입장에서는 이런 소모품을 가지고 기업의 지속적인 성장을 기대하기 어려운 제품이며, 투자자들에게도 이런 제품을 파는 기업에게는 큰 관심이 없다.

게다가 경쟁사로 꼽히는 삼성전자나 화웨이에 비해, 애플의 사업 및 제품 포트폴리오는 초라하다. 삼성전자가 가지고 있는 가전제품이나 반도체도 없으며, 화웨이의 통신장비나 관련 서비스도 없다. 오직 모바일 기기와 이와 연계된 소프트웨어 및 서비스뿐이다.

하지만 시가총액 측면에서 애플은 경쟁사들에 비해 월등한 성적을 보여준다. 2019년에 이미 애플의 시가 총액은 전체 코스피에 상장된 모든 기업의 가치의 총합을 넘어섰다. 투자자들은 분명히 경쟁사들에 비해서 애플의 미래를 높게 사고 있다. 왜일까?

애플은 견고한 생태계를 만들었고, 이를 확장시키고 있기 때문이다. 이 생태계는 수많은 개체들이 균형을 이루고 함께 발전하고 있다. 그리고 서로에게 생태계 플랫폼 안에 강력하게 락인 종속되어서 규모는 지난 10년간 빠르게 확장되었다.

그 개체를 들여다보자. 우선 충성스런 애플의 소비자군이 있다. 그리고 이들을 타겟으로 몰려드는 컨텐츠 기업, 앱(App) 개발 기업, 통신사, 그리고 부품 제조사 등 수많은 기업들이 포함되어 있다. 그리고 이 모든 생태계를 관장하는 환경의 이해관계도 복잡하게 얽혀 있다. 환경은 본사가 위치한 미국 정부는 물론, 제조 공장이 있는 중국, 경우에 따라서는 판매하는 국가의 정부가 될 수 있다.[55]

이 복잡한 생태계를 하나하나 다 설명하다가는, 글을 읽는 분들이 짜증을 견디다 못해 중간에 책을 던져 버릴 것이므로, 간단하게 몇 개의 개체만 골라서 애플 생태계의 성공 전략을 설명해 보겠다.

애플과 소비자

언뜻 애플은 달랑 아이폰 하나를 생태계에 제공하는 듯이 보인다. 하지만 단순한 하드웨어를 제공하는 수준은 아니다. 애플은 사

55 얼마전 유럽연합이 결정해서, 아일랜드에 납부하기로한 애플의 세금 문제를 보더라도 얼마나 판매시장의 '환경'이 기업 생태계에 지대한 영향을 미치는지 알 수 있다.

용자 경험(User Experience)을 제공한다.[56]

아이폰 디자인은 경험의 일부다. 디자인만 놓고 보자면 이제는 경쟁사들의 제품이 더 뛰어나다는 평가를 받는다. 베끼는 것을 큰 죄의식 없이 학습의 첫 단계로 인식하는 중국 경쟁사들의 입장에서는 하드웨어 디자인은 얼마든지 따라잡을 수 있는 영역이다. 카메라 해상도나 프로세서의 처리 속도는 이미 애플이 경쟁사 제품보다 뒤쳐진 지 한참 되었다. 얼핏보기에 애플은 하드웨어 경쟁력에 대해 크게 신경을 쓰지 않는 듯이 보인다.

하지만 소프트웨어의 영역은 다르다. 디자인이나 카메라에서 얻어지는 경험보다 더 중요한 것은 애플의 운영체제(Operating System)에서 시작되는 소프트웨어를 통한 경험이다. iOS라 불리는 애플의 운영체제는 단순한 소프트웨어가 아니라 전체 생태계를 운영하는 플랫폼이다.

이 플랫폼을 통해 애플은 편리성과 통합성이라는 경험을 제공한다. 사용자들이 크게 신경쓰지 않아도 다시 말해서 기술적인 지식이 없어도 필요한 앱을 깔아주고 파일을 정리해주고 사진을 집에 있는 데스크탑과 연동시켜준다. 사용자들은 자신도 모르게 깔끔하게 정리된 방안의 쾌적함을 즐기는 것이다. 물론 이런 경험은 수많

56 경험이라는 개념이 생소하신 분들은 무슨 뚱딴지 같은 말인가라고 생각하실 것이다. 언젠가부터 제품의 구매를 결정하고 다시 재구매를 이끌어내는 키워드로 경험(Experience) 또는 사용자 경험(User Experience)이라는 개념이 부각되고 있다. 경험은 단순한 디자인이나 가격뿐만 아니라, 구매 전의 브랜드 및 개인 맞춤 마케팅, 구매 후의 사용 또는 고객 서비스 접점에서의 경험 등, 다양한 요소들이 모여서 이루어진다.

은 애플 사용자들의 오랜 사용 패턴을 iOS가 분석 연구를 하고 디자인한 결과물이다.

여기에 애플이 제공하는 다양한 소프트웨어들[앱스토어(App store), 클라우드(iCloud) 등]이 iOS와 완벽하게 연동되어 돌아가면서, 소비자들은 별 기술적인 지식 없이도 모바일기기에서 제공되는 모든 서비스들을 즐기게 된다. 여기에 애플은 소프트웨어에 사용료를 부가함으로서 추가 매출을 만들어낸다. 이미 애플의 서비스 및 소프트웨어 매출은 하드웨어를 넘어섰다.

애플은 폐쇄적이다. 경쟁사들은 대부분 안드로이드 운영체제를 쓰기 때문에 하드웨어의 종속성이 없지만, 애플의 iOS는 오직 애플

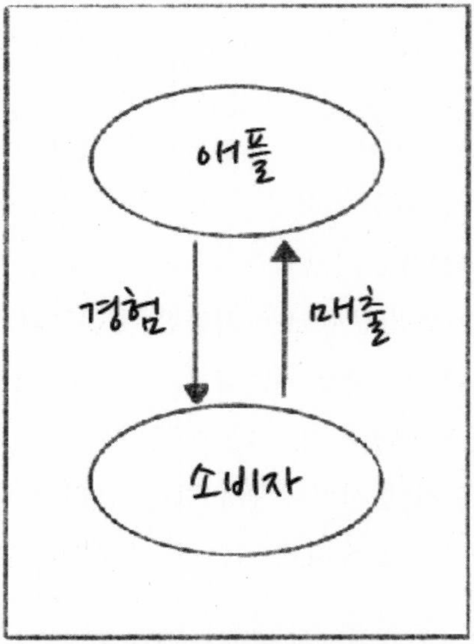

애플과 소비자의 가치사슬

에서만 돌아간다. 결국 iOS에 익숙해지면 사용자는 쉽게 애플을 버리고 다른 제품을 쓰지 못한다. 기존의 사용하던 경험을 거의 포기해야 하거나 데이터를 안드로이드 플랫폼으로 이전해야 하는 등의 귀찮은 작업들을 감수해야 한다. 규모가 있다면, 폐쇄성은 락인을 만들어내는 가장 좋은 전략이다.

콘텐츠 기업과 애플

사실 우리는 스마트폰을 소비하는 것이 아니라, 스마트폰을 통해 콘텐츠를 소비한다. 게임, 동영상, 그리고 게임들이 바로 콘텐츠다. 그렇기 때문에 모바일 폰 자체보다는 콘텐츠가 더 중요하다.

애플이 직접 생태계에 제공하는 콘텐츠는 얼마 되지 않는다. 아무리 날고 기는 디즈니, 넷플릭스 또는 유튜브라 한들 한 기업이 수억 명의 소비자들을 모두 만족시킬 수 있는 콘텐츠를 끊임없이 제공하는 것은 불가능하다.

이를 일찌감치 간파한 애플은 직접 콘텐츠를 만들어 소비자를 만족시키는 대신 다양한 기업들이 마음껏 판매할 장터를 생태계에 제공했다. 생태계를 방문한 소비자들은 콘텐츠의 풍족함에 열광했다. 그렇게 소비자들은 락인되었다.[57]

콘텐츠 기업들도 락인되어 간다. 이들이 수익을 올리기 위해서는 안정적이고 넓은 판매 시장이 필요하다. 이런 시장을 직접 만들기에는 엄청난 투자가 필요하며, 일반적인 컨텐츠 제공 기업들에게

57 최근 애플이 콘텐츠를 직접 개발하는 경우도 꽤 많다. 애플이 모바일 하드웨어 기기 제조사라고 보기는 어려워지고 있는 증거다.

는 불가능한 일이다. 그렇기 때문에 기꺼이 시장을 이용하는 수수료를 내고서라도 안정적인 판매 시장을 찾는다. 이런 관점에서 그들에게는 애플의 생태계는 최고다. 그 비싼 애플 제품을 살 수 있는 소비력을 갖춘 사람들이 모여 있다. 이 생태계로의 편입은 곧, 구매력 있는 소비자들을 지속적으로 만날 수 있음을 의미한다. 그렇기 때문에 열심히 애플의 플랫폼에 자신들의 콘텐츠를 제공한다.

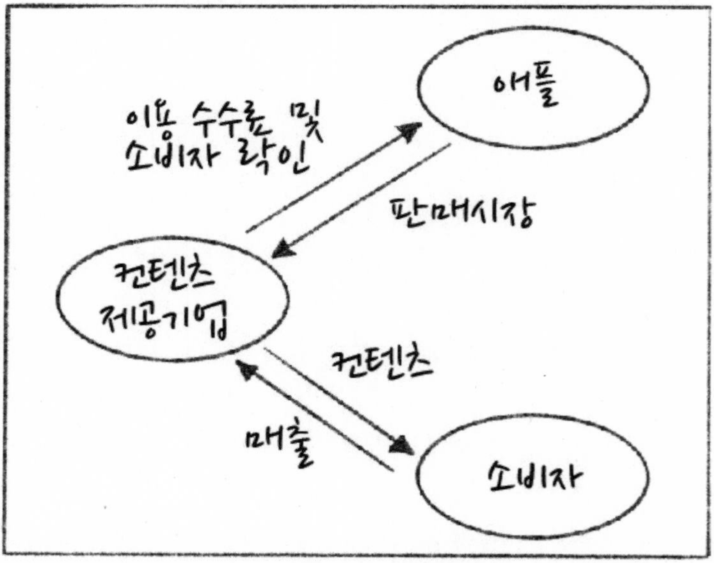

애플과 컨텐츠 제공기업의 가치사슬

부품 제조기업과 애플

마찬가지로 부품 생산기업들도 기꺼이 이 생태계에 오래 오래 머물고 싶어한다. 소비자들이 애플의 신제품을 손꼽아 기다리다가 출시되기 전부터 매장 앞에서 줄을 서고 있는 이상, 이들의 안정적인 매출은 보장이 되어 있다. 그래서 애플이 무리한 물량과 납기일을 요구하면, 공장 직원들을 혹사시켜서라도 이를 맞추려 노력한다. 끔찍할 정도로 강력한 락인이다.

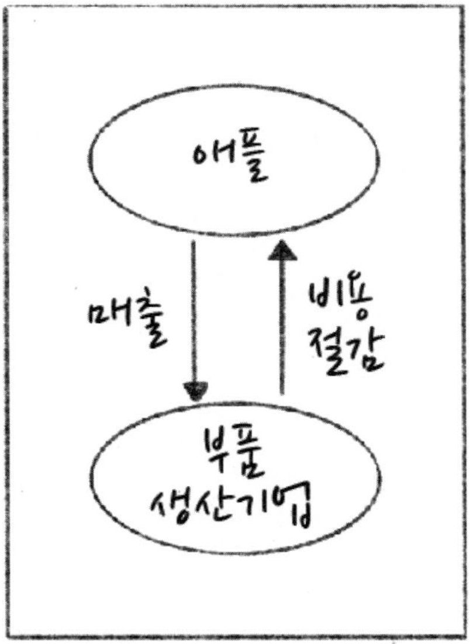

애플과 부품생산기업의 가치사슬

정리해 보자. 결국 생태계의 성공 요인 두 가지는 애플의 생태계에서 모두 발견할 수 있다. 생태계의 소비자들과 기업들이 만족감, 또는 수익으로 대표되는 가치를 교환하면서 개체의 수와 영향력의

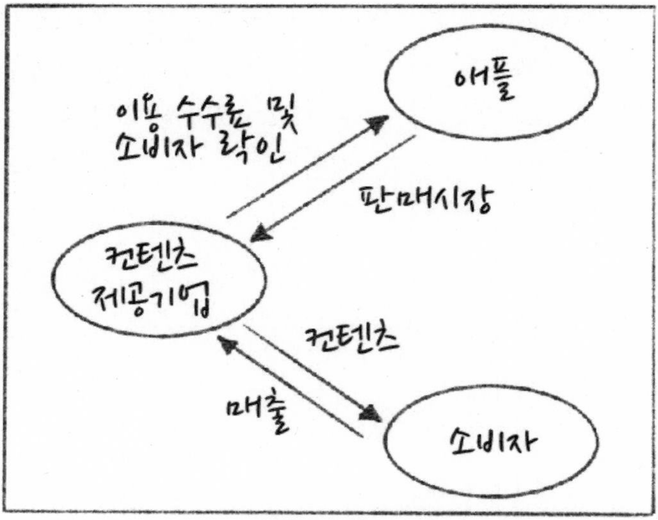

애플 생태계의 가치사슬

①균형을 이루며, 모든 개체들은 생태계에 ②락인이 되어 있다. 이미 이 생태계는 10여 년간 지속적으로 확장되고 있고 앞으로도 그럴 것으로 보인다.

이런 애플을 두고 투자자들은 박수치며 감탄한다. 전체 생태계의 매커니즘을 보게 되는 순간, 액정이 돌돌 말리는지 카메라가 몇 개인지에 목숨 거는 경쟁사들과는 같은 레벨이 아니다라는 것을 알게 되는 것이다. 그리고는 단순한 하드웨어 기기 제조사가 아닌 구글이나 페이스북 같이 생태계를 운영하는 플랫폼 기업으로 애플을 바라보게 된다. 그렇기 때문에 더 성장할 잠재력이 있다고 믿고 투자를 기꺼이 한다. 주가는 그 잠재력의 반영이다.